SONJA NIEDERMANN

# VERWANDLUNG ZUM GLÜCKLICHSEIN

## Von der Raupe zum Schmetterling

Die Ratschläge in diesem Buch sind sorgfältig erwogen und geprüft. Sie bieten jedoch keinen Ersatz für kompetenten medizinischen Rat, sondern dienen der Begleitung und Anregung der Selbstheilungskräfte. Alle Angaben in diesem Buch erfolgen daher ohne Gewährleistung oder Garantie seitens der Autorin oder des Verlages. Eine Haftung der Autorin bzw. des Verlages und seiner Beauftragten für Personen-, Sach- und Vermögensschäden ist daher ausgeschlossen.

Externe Links wurden bis zum Zeitpunkt der Drucklegung des Buches geprüft. Auf etwaige Änderungen zu einem späteren Zeitpunkt hat der Verlag keinen Einfluss. Eine Haftung des Verlags ist daher ausgeschlossen.

Bibliografische Information der Deutschen Nationalbibliothek
Die Deutsche Nationalbibliothek verzeichnet diese Publikation in der Deutschen Nationalbibliografie; detaillierte bibliografische Daten sind im Internet über http://dnb.d-nb.de abrufbar.

ISBN Printausgabe 978-3-948635-07-7
ISBN E-Book 978-3-948635-10-7

Umschlagsgestaltung: Valeria Manevy, Nijmegen
Autorinnenfoto:      Robert Bierenstiel
Bildnachweis:        Schmetterlinge farbig & pink, freepik.com
                     Blume des Lebens, Doreen Kinistino, pixabay.com
Druck:               Flyeralarm GmbH, Würzburg

© 2019 Edelgold Verlag – Christian Niedermann, Eberhardzell

Printed in Germany

# Inhaltsverzeichnis

*Wenn du glücklich bist, kommt das Glück zu dir. Denn das Glück wird immer vom Glück angezogen.*

Yogi Bhajan

# Einleitung

Hallo du, ja, ich meine dich! Weißt du, warum du gerade zu meinem Buch gegriffen hast?

Nein???

Na ganz einfach, du hast genug von deinem bisherigen Leben und sehnst dich nach etwas Neuem. Du möchtest dich verändern und endlich zum Schmetterling erwachen. Denn du hast es einfach satt, immer wie eine Raupe mühselig und angestrengt durch dein Leben zu kriechen.

Du wünschst dir sehnlichst, ein Mensch zu werden, der wie ein Schmetterling sein Leben in Leichtigkeit, Liebe und Harmonie lebt. Du möchtest dich also wirklich zu diesem Schmetterling verwandeln. Du möchtest raus aus dem Kokon und rein ins Lebensvergnügen. Das ist ganz leicht, denn in jeder Raupe steckt bereits ein Schmetterling. Und genauso steckt auch in dir bereits ein glücklicher Mensch, der nur darauf wartet, zu erwachen.

Sei dir gewiss, du bist viel größer, als du denkst und großartig so, wie du bist. Und alles, was du in deinem bisherigen Leben erlebt hast, war gut und richtig so.

Alles, und ich meine wirklich alles, war notwendig für deine ganz persönliche Entwicklung, um zu dem Menschen zu werden, der du heute bist.

In diesem Buch berichte ich von meinem Leben und wie ich es in den letzten sieben Jahren geschafft habe, zu einem glücklicheren und zufriedeneren Menschen zu werden.

Ich habe die Tiefs und Herausforderungen in meinem Leben angenommen und kann heute sagen, dass ich dankbar dafür bin. Dadurch durfte ich mir wertvolles Wissen aneignen und viele lehrreiche Erfahrungen machen. Viele Bücher, Videos und zahlreiche Seminare gaben mir tolle Impulse, viel Kraft und positive Lebensenergie. Mir wurde bewusst, dass ich jeden Tag ein glücklicher Mensch sein möchte. Mir wurde bewusst, dass jeder Mensch glücklich sein sollte. Mir wurde bewusst, dass ich möglichst viele Menschen dabei unterstützen möchte, ihr wahres Glück zu finden.

Nach dem Motto, „Glück ist das einzige, das sich verdoppelt, wenn man es teilt", möchte ich mein Wissen und meine Erfahrungen mit dir teilen. Du bekommst von mir einfach anwendbare Tipps, die du leicht in deinen Alltag einfließen lassen kannst. Lass die Raupe hinter

dir und verwandle dich zu einem wundervollen, glücklichen Schmetterling, der mit Leichtigkeit sein Leben
meistert.

Aus meiner Erfahrung kann ich dir sagen, dass es wichtig ist, dass DU ins Tun kommst. Ja, selbst etwas für
sein eigenes Glück zu tun, ist ein sehr wichtiger Schritt.
Sei DU die Veränderung, die DU dir wünschst. Den ersten, notwendigen Schritt in dein glückliches Leben, hast
du bereits gemacht: Du hältst mein Buch in deinen Händen und liest darin. Lies weiter, denn ich werde dich
nun, Schritt für Schritt, bei deiner persönlichen Verwandlung zum Glücklichsein begleiten.

Ich kann dir sagen, dass ich vor allem durch meine Tiefs
und Herausforderungen gewachsen bin. Dadurch habe
ich gelernt, dass ich Flügel habe und diese voll und
ganz entfalten darf, wie ein lebendiger Schmetterling.
Mit diesen Flügeln kannst du mit Leichtigkeit dein Leben
meistern.

Mit meinem Buch hältst du das Turbowerkzeug für dein
glückliches Leben in deinen Händen. Der Startschuss
für deine Verwandlung zum Glücklichsein ist gefallen,
jetzt wünsche ich dir ganz viel Freude und Erfüllung
beim Lesen meiner Zeilen. Sei du deines Glückes

Schmied und erschaffe dir ein Leben in Liebe, Leichtigkeit und Harmonie.

P.S. Wie du bemerkt hast, spreche ich dich mit DU an. Zum einen finde ich es persönlicher und zum anderen ist es die Sprache deiner Seele. Stell dir beim Lesen einfach vor, dass wir zwei uns schon ewig kennen und ganz locker übers Glücklichsein miteinander reden. Es soll eine Herz zu Herz Botschaft sein. Du wirst die Energie, die durch die Worte fließt, beim Lesen deutlich spüren.

Einen kleinen Hinweis habe ich noch für dich. Du findest in jedem Kapitel farbig geschriebene Sätze, welche die wichtigsten Punkte nochmals herausheben. Lies diese Sätze immer wieder durch. Die Botschaften werden so besser in deinem Unterbewusstsein verankert. Durch die Wiederholung dieser praktischen Tipps wirst du immer mehr, in deine Leichtigkeit und Glückseligkeit kommen.

Außerdem wirst du feststellen, dass sich viele Themen in meinem Buch wiederholen. Das ist wichtig, denn die Wiederholung ist der goldene Weg zu deinem Erfolg. Dein Gehirn verankert die Botschaften dann leichter und du gelangst somit schneller an dein Ziel.

Sag jetzt ganz bewusst „Ja" zu deinem neuen Leben in Leichtigkeit, Liebe und Harmonie und übernimm ab heute 100 % Verantwortung für dein eigenes Glücklichsein.

Viel Spaß und Erfolg bei deiner Verwandlung zum Glücklichsein wünscht dir,

deine Glücklichmacherin

# Das Geschenk für DICH

Wenn du dies hier liest, dann hast du die ersten Seiten schon gelesen. Fantastisch! Mach weiter so, denn es warten viele Aha-Erkenntnisse in diesem wunderbaren Buch auf dich.

Weil du es ernst meinst mit deiner Verwandlung zum Glücklichsein, will ich dir an dieser Stelle schon ein kleines Geschenk machen.

Jeder Woche mittwochs veröffentliche ich auf meiner Facebook-Seite „Verwandlung zum Glücklichsein" ein kurzes Video mit Tipps zum Glücklichsein im Alltag.

Wenn du schon bei Facebook bist, klicke auf meiner Seite auf „gefällt mir" oder „abonnieren" und schon bekommst du jeden Mittwoch kostenlos dieses Video. Und weil es mir enorm viel Freude bereitet, Glück zu verschenken, veröffentliche ich dort jeden Tag auch eine schöne Spruchkarte, die dich täglich motiviert und glücklicher macht.

Ich würde mich freuen, wenn ich auch dich, jeden Tag, begleiten und glücklicher machen darf. Ich freue mich!

www.facebook.com/verwandlungzumgluecklichsein

Wer sich nachts zu lange mit den Problemen von morgen beschäftigt, ist am nächsten Tag zu müde, sie zu lösen.

Rainer Haak

# Alles ist scheiße und das ist gut so

Fast jeder kennt solch eine Situation, mir ist alles zu viel, ich bin immer allein, ich habe keine Kraft mehr, alles ist scheiße … Ich habe das Leben, so wie es gerade läuft, satt! Ich war vor gut sieben Jahren selber in solch einem Tief und kann deshalb sehr gut nachfühlen, wie du dich gerade fühlst oder schon mal gefühlt hast. Und ich weiß auch, dass man diesem Zustand auf den ersten Blick nichts Positives abgewinnen kann. Für mich waren meine damalige Unzufriedenheit und die erlebte Einsamkeit große Geschenke, die mir das Leben gemacht hat. Ja, vieles im Leben kommt auf den Betrachtungswinkel an. Und manche Geschenke sind auch erst im Nachhinein erkennbar. Was, du glaubst mir nicht? Na, dann warte mal, wie du dich in ein paar Wochen oder Monaten fühlst, was du bis dahin alles erreicht hast und wieviel Schönes du erlebt haben wirst. Ich selbst hätte es mir vor sieben Jahren auch nicht vorstellen können, dass es mir körperlich, geistig und seelisch so richtig gut geht und dass ich sogar mein eigenes Buch schreibe. Doch wie du ja lesen kannst, habe ich mein Buch geschrieben und ich bin ein rundum glücklicher und zufriedener Mensch. Ja, ich habe es geschafft. Ich bin aus meinem dunklen Tief herausgetreten und bin wieder zum Sonnenschein erwacht. Und wenn ich es schaffe, schaffst DU das auch.

## Die Rollenverteilung

Kommen wir mal zu dem Thema Sonnenschein. An dieser Stelle möchte ich dir etwas zu der Rollenverteilung in unserem Leben erzählen. Schon als kleines Kind bekommst du eine Rolle zugeordnet. Diese Rolle, die dir deine Eltern unbewusst zuschreiben, beeinflusst dein ganzes Leben. Falls du also selber schon Kinder hast, bzw. welche haben willst, sei achtsam und vorsichtig mit Aussagen wie: „Gell, du bist Mamas und Papas Stütze!" Oder wie in meinem Fall: „Unsere Sonja ist unser Sonnenschein." Ja, ich weiß, dass ein Sonnenschein zu sein eine wundervolle Sache ist und es sich im ersten Moment nur wunderschön anhört. Und ich muss wirklich sagen, dass mir diese Rolle als Sonnenschein sehr gefällt, denn ich bin wirklich ein fröhlicher und strahlender Mensch. Ich war ein fröhliches, braves Kind und habe mich schon immer mit ganz vielen Menschen gut verstanden. Für viele Freunde bin ich eine gute Gesprächspartnerin und Mutmacherin, ein richtiger Sonnenschein, wie er im Buche geschrieben steht. Doch vor sieben

Jahren wurde dieses Scheinen schwächer und schwächer. Ich war immer wieder traurig und diese Traurigkeit war ganz schlimm für mich, denn ich wollte scheinen. Für mich und für andere. Ich wollte meine göttliche Liebe, mein inneres Licht zum Ausdruck bringen. Alles andere fühlte sich nicht gut an für mich. Doch ich konnte einfach nicht mehr. Ja, in so einem „Nicht-scheinen-wollen-Modus" war ich einmal. Ich hatte keine Kraft und auch keine Lust mehr zu scheinen. Vor allem konnte ich nicht mehr für andere leuchten. Ich hatte also wirklich ein richtiges Tief, wo alles nur Scheiße und anstrengend war. Ich steckte in einer Negativspirale fest. Dabei hätte ich so glücklich sein können. Ich war mit meinem lieben Mann verheiratet und der Wunsch zwei wundervolle Kinder zu haben, war in Erfüllung gegangen. Einen Jungen mit vier und ein Mädchen mit zwei Jahren. Wir waren alle gesund und hatten genügend Geld, um in einer schönen Wohnung mit tollem Garten zu wohnen. Rein äußerlich betrachtet, schien also alles perfekt zu sein. Mein größter Traum, den ich vor zehn Jahren hatte, nämlich eine eigene kleine Familie zu haben, war erfüllt. Warum konnte ich trotzdem nicht glücklich sein? Solche Fragen bekommst du oft erst viel später oder gar nicht beantwortet. Wichtig ist in solch einer Situation nur, sein

Leben trotzdem zu leben, wie es kommt. Es anzuneh-men und durch die Erfahrungen, denen du begegnest, im Nachhinein dein Leben besser zu verstehen.

## Tiefs rütteln uns wach

Bestimmt kennst du solche Tage oder Zeiten auch, an denen einfach alles schwierig zu sein scheint und du dich in einer richtigen Negativspirale befindest. Und viel-leicht steckst du in diesem Moment, während du diese Zeilen liest, in solch einem Tief. Ich sage dir ganz offen und ehrlich, dass dieses Tief, das ich vor sieben Jahren erlebt habe, in Wirklichkeit ein großes Geschenk vom Leben an mich war. Ja, Probleme sind wirklich Ge-schenke. Denn solche Tiefs rütteln uns wach und lassen uns wachsen. In meinem Fall war das Tief einfach wich-tig, um endlich aufzuwachen und um zu erkennen, dass ich auch als Sonnenschein Schmerz und Leid zulassen darf. Ich habe erkannt, dass ich nicht unter negativen Gefühlen leiden muss. Genauso, wie Tag und Nacht zu-sammen gehören, darf unser Leben neben Freude, Glückseligkeit oder Liebe, auch Gefühle wie Leid, Schmerz oder Traurigkeit enthalten. Oder wenn wir noch einen Schritt weiter gehen: „Erst wenn du durch die

Dunkelheit gegangen bist, weißt du das Licht zu schätzen."

Rückblickend kann ich dir sagen, dass dieses Tief einfach notwendig war, um die Person zu werden, die ich heute bin. Ein selbstbewusster, glücklicher und freier Mensch.

Mit diesem Tief begann mein Weg zu meiner Persönlichkeitsentwicklung und in mein ganz persönliches Glücklichsein. Ich befreite mich von dem, was nicht zu mir gehörte, genauer gesagt, was mir in den letzten Jahren einfach zu viel wurde. Ich begann mich selbst zu lieben und machte Dinge, die ich noch nie zuvor in meinem Leben gemacht hatte. Ich wurde Jahr für Jahr glücklicher, freier und zufriedener. Wie ich das alles geschafft habe, welche Erkenntnisse ich daraus gewonnen habe und was mir wirklich zu Leichtigkeit und Glückseligkeit verholfen hat, das alles erzähle ich dir in den weiteren Kapiteln in diesem Buch.

*Nichts ist hilfreicher als eine*
*Herausforderung, um das Beste*
*in einem Menschen hervorzubringen.*

*Sean Connery*

# Probleme sind Geschenke

Kennst du den Zustand, indem alles nur scheiße ist? Ein Tief nach dem anderen, scheint dich zu überrollen. Du weißt einfach nicht mehr, wie dein Leben so weitergehen soll. Du bist im tiefsten Tal der Täler angelangt. Was jetzt? Wie soll es weitergehen? Wie soll das noch enden?

Jetzt liebe Leserin, lieber Leser, kommt eine wichtige Erkenntnis für dich. Also hör gut zu. Solche heftigen Probleme sind in Wirklichkeit keine Probleme. Das Problem ist, dass du denkst, es ist ein Problem. Denn Probleme sind in Wirklichkeit Geschenke. Ich gebe dir vollkommen recht, wenn du dem erst mal widersprichst. Ich hatte solche Tiefs auch erlebt. Ich weiß, wenn man selber gerade in solch einem Tief steckt, sieht man dieses Geschenk natürlich nicht. Denn man steckt wortwörtlich mit dem Kopf so tief in der Scheiße, dass eine klare Sicht gar nicht möglich ist. Doch ich weiß, aus meiner Erfahrung, dass nach jedem Tief ein Geschenk wartet.

Ich hatte zum Beispiel im Jahre 2011 einen sehr schmerzhaften Bandscheibenvorfall und das knappe fünf Monate nach der Geburt unseres zweiten Kindes.

Ich hatte also ein zweijähriges und knapp fünf Monate altes Kind zu versorgen und lag wortwörtlich am Boden. Es war eine sehr harte Zeit, doch ich bin heute noch meinem Bandscheibenvorfall dankbar. Denn durch dieses Tief habe ich mich selber wiederentdeckt. Dadurch begannen meine Selbstliebe und meine so wertvolle Persönlichkeitsentwicklung. Ich habe mich selbst wahrgenommen und hatte wieder mehr Zeit für mich. Das ging am Anfang auch gar nicht anders, weil ich einfach zu heftige Schmerzen hatte. Also lag ich erst mal viel herum. Als es besser wurde, machte ich Fitnessübungen und baute meinen Körper wieder auf. Schließlich gelangte ich durch dieses Tief zum Yoga, das mir körperlich, geistig und seelisch sehr guttat. Dafür nehme ich mir auch heute noch regelmäßig Zeit. Ich bin nun auf allen Ebenen, also körperlich, geistig und seelisch vollkommen gesund und zufrieden. Definitiv war dieses Tief 2011 ein Geschenk vom Leben an mich. Und glaube mir, zum damaligen Zeitpunkt habe ich dieses Geschenk auch nicht gesehen.

Jedes Problem, jedes Tief, ist eine große Herausforderung für uns. Und diese Herausforderung fordert uns auf, einmal genau hinzuschauen. Sie fordert uns auf, aufzuwachen und vielleicht auch den notwendigen,

anderen Weg einzuschlagen. Sie fordert uns auf, endlich unserem Herzen zu folgen und unseren Verstand
mal mehr zum Schweigen zu bringen. Sie fordert uns
auf, mutig zu sein und endlich das in Angriff zu nehmen,
was wir schon lange tun wollten. Und sie fordert uns auf,
endlich in unsere wahre Größe zu kommen.

## Probleme erwecken die Kraft in uns

Merkst du schon die Kraft, die so ein Tief in dir auslöst?
Ich kann dir ganz ehrlich sagen, dass solch ein Tief extreme Kräfte in einem weckt und dass Probleme wirklich
Geschenke sind. Denn auch ich bin durch jedes einzelne Problem oder besser gesagt, durch jede große Herausforderung in meinem Leben gewachsen. Ich bin von
Herausforderung zu Herausforderung mutiger und kraftvoller geworden. Und ja, letztendlich bin ich durch jedes
einzelne Tief, durch jedes negative Gefühl in meinem
Leben, in meine wahre Größe gekommen. Ich wäre, ohne diese großen Herausforderungen in meinem Leben,
nicht diese selbstbewusste und sehr glückliche Person,
die ich heute bin. Und auch dieses Buch, das du heute
in deinen Händen hältst, hätte ich ohne solche Tiefs
nicht geschrieben. Denn erst durch das eigene Erleben,
solcher heftigen Phasen, kann ich mich heute sehr gut

in Menschen einfühlen und Tipps zum wieder Glück-lichsein geben.

Verstehst du jetzt, wie wichtig solche Tiefs sind? Sie treiben uns zu Höchstleistungen an. Sie bringen uns dazu, Entscheidungen zu treffen und zu handeln. Gerade große Schicksalsschläge, wie beispielsweise Trennung, schwere Krankheit oder Tod, bringen uns in das so notwendig gewordene Tun.

Probleme helfen uns ganz oft bei unserer Sinnfindung. Wir wachen auf, machen uns neue Gedanken und beginnen, unser Leben selbst in die Hand zu nehmen. Wir kommen also ins Denken und Überdenken unseres Lebens. Sich hängen lassen und den Kopf in den Sand stecken, bringt ja auf Dauer keine Lösung. Also ist es wichtig, dass wir ins Tun kommen und neue Ideen für unser Leben finden. Es ist vor allem wichtig, dass wir unserem Leben einen Sinn, genauer gesagt, einen neuen Sinn geben. Überlege einmal selbst:

## Deine persönlichen Tiefs

1. Wo hast du schon einmal ein Tief gehabt?

2. Was hat sich danach alles positiv verändert?

3. Was hast du schon alles in deinem Leben ge-schafft und gemeistert?

4. Welchen Sinn hat dein Leben?

Erkennst du jetzt das Geschenk hinter dem „sogenannten" Problem? Es ist wirklich so, Probleme, sind in Wirklichkeit keine Probleme, sondern nur Herausforderungen. Sie sind Geschenke des Lebens an uns, um daran zu wachsen.

Das Leben mutet uns diese Herausforderung zu, weil es uns in Wirklichkeit bei unserem Wachstum helfen will. Denn ein stetiges Wachstum in unserem Leben ist wichtig. Es ist wirklich sehr wichtig, dass du dir bei solch einer extremen Herausforderung, erst einmal bewusst machst, dass es in Wirklichkeit gar kein Problem ist. Das Leben fordert dich nur heraus, um zu wachsen und um zu handeln.

Mit dieser Herausforderung, mit diesem Tief, mit diesem Rückschlag, spricht das Leben liebevoll zu dir und sagt: **„Sonja,** (du setzt natürlich dein Name ein) **ich habe noch etwas viel Besseres mit dir vor."** Das ist doch wirklich ein sehr kraftvoller Satz. Das Leben hat was viel besseres mit dir vor. Es traut dir zu, dass du aus diesem Tief heraus kommst und sagt dir sogar noch, dass was viel besseres auf dich wartet. Das ist einfach wunderschön. Und wenn das Leben, also die allumfassende Kraft, das sagt, dann darfst du das auch glauben, dass es so ist. Das Leben hat was viel besseres mit dir vor und deshalb schaffst du das auch.

Jeder Mensch schleppt seinen ganz eigenen Rucksack mit sich herum. Einen Rucksack mit seinen ganz eigenen Herausforderungen. Doch wisse, dass dir immer nur so viel zugemutet wird, wie du auch schaffen kannst. Indem du, durch dieses Tief, diese Herausforderung hindurchgehst, kannst du deinen schweren Rucksack Stück für Stück leichter machen. Und nur du selbst, kannst dich von dieser großen Last befreien. Es kommt niemand und befreit dich von deinem schweren Rucksack. Klar gibt es Menschen und auch Wesen, die dich bei deiner Befreiung unterstützen und dir die notwendige Motivation und Kraft geben. Doch du bist derjenige, der letztendlich ins Tun und Handeln kommen muss. Dein Problem, dein Tief, deine große Herausforderung, zwingt dich sozusagen zum Handeln. Es bringt oftmals auch tief verschüttete oder verdrängten Themen mit ans Tageslicht. Rührt Gefühle auf, die wir schon unser ganzes Leben lang mit uns herumtragen und lange Zeit einfach nicht spüren wollten. Doch es ist wichtig, dass wir auch solche verdrängen, negativen Gefühle spüren, denn jedes Gefühl, egal ob positiv oder negativ, möchte gefühlt werden (über Gefühle erzähle ich dir in einem späteren Kapitel noch mehr). Probleme sind Geschenke. Herausforderungen sind einzigartige Chancen für unser ganz persönliches Wachstum. Herausforderungen sind Chancen für unser so notwendig gewordenes Umdenken. Nimm diese Herausforderung an und geh da durch. Mach das, wovor du Angst hast. „Mut ist, wenn du es trotz Angst machst." Sage dir, ich mache das jetzt. Denn wenn du dich deiner Angst stellst, dann verschwindet sie. Oftmals machen wir Menschen uns eine Situation, nur durch unsere eigenen Gedanken und Vorstellungen, groß und schwer. Und wenn wir es dann anpacken und in dieser Situation sind, merken wir oft, dass es gar nicht so schwer, sondern leicht zu meistern ist. Erinnere dich an einen Zahnarzttermin. Also ich, zum Beispiel, war früher Tage vorher schon aufgeregt und hatte Angst davor. Doch als ich dann dort war, war alles gut. Oder ich erinnere mich auch noch sehr genau an meine Prüfungszeit, während meiner Ausbildung. Ich hatte richtige Prüfungsangst, machte mir ständig Gedanken, über diese blöde Prüfung. Und was war am Tag der

Prüfung? Ich war ganz ruhig und gestärkt und schaffte die Prüfung leicht mit einem sehr guten Ergebnis.

Bestimmt kennst du auch solche Erlebnisse, wovor du erst Angst hattest und am Ende doch alles gut ging. Ja, und solche Erinnerungen sind gut und wichtig. Sie erinnern dich daran, dass du schon so einiges, in deinem Leben geschafft und erreicht hast.

### Also los, erinnere dich:

1. Was hat dir bei deinem letzten Tief geholfen?
2. Hat dir dieses damalige Tief ein Geschenk gebracht?
3. Hat es dich größer gemacht?

Ganz sicher hat es das. Denn erinnere dich: Mit dieser Herausforderung spricht das Leben liebevoll mit dir und sagt: „Sonja, (dein Name) ich habe noch etwas viel Besseres mit dir vor."

### Frage dich nun?

1. Was hat dein Leben noch positives mit dir vor?
2. Wie macht dich dieses Tief stärker?

3. Was kannst du durch diese große Herausforderung lernen?

4. Was will dir das Leben durch dieses sogenannte Problem sagen?

Höre und lausche. Dein Herz kennt deinen Weg und du spürst ganz genau, dass das noch nicht das Ende ist. Nein, es ist ein ganz neuer Beginn für dich. Du hast jederzeit die Möglichkeit, neu zu beginnen und aus deiner Opferrolle auszusteigen. Konzentriere dich jetzt hauptsächlich auf die Dinge, die du selbst beeinflussen und ändern kannst. Du hast immer die Wahl, wie du auf eine Situation reagierst. Somit kannst du auch positiv darauf reagieren, aus jeder Situation immer das Beste machen und letztendlich somit in jeder Situation, dein Geschenk entdecken.

Du merkst es schon, dass deine eigene Einstellung für jede Situation in deinem Leben der entscheidende Faktor ist. Deine eigene Einstellung entscheidet also darüber, ob DU glücklich oder unglücklich bist. Denn wichtig ist vor allem, was DU aus deiner Situation, aus deinem Leben machst. Und auch wenn du gerade mitten in der Scheiße steckst, du kommst da raus. Habe Vertrauen ins Leben, habe Vertrauen in DICH. DU kannst es schaffen und DU wirst es schaffen. Komm in DEINE eigene Kraft und in DEINE wahre Größe.

Ich habe dir gleich fünf kraftvolle Sätze, die dir bei deinem Wachstum helfen. Sage diese Sätze am besten dreimal laut hintereinander. Jeden Tag, bis du deine Herausforderung gemeistert hast.

## Deine persönlichen Motivationssätze

1. Ich **will** es schaffen.
2. Ich **muss** es schaffen.
3. Ich **kann** es schaffen.
4. Ich **werde** es schaffen.
5. **Ich schaffe es auf jeden Fall.**

Durch diese fünf kraftvollen Sätze weckst du deine Willenskraft. Du führst eine geistige Motivation herbei. Denn dein Geist ist immer stärker als dein Körper. Somit baust du durch solche positiven und motivierenden Worte dein Selbstbewusstsein auf. Ein gutes Selbstbewusstsein ist beim Durchschreiten von Tiefs sehr von Vorteil, weil du somit mehr Energie bekommst und mutiger bist. Tu also alles, was dich stärkt und was dir guttut. Überlege auch einmal ganz bewusst, was dir jetzt konkret helfen würde.

## Triff folgende Überlegungen:

1. Was tut dir gut?
2. Was möchtest du gerne tun?
3. Was könnte dir in deiner Situation helfen?

Und dann mache es einfach. Hör auf, deinen Kopf in den Sand zu stecken und komme ins Tun. Mach das, was dir guttut. Geh zu dieser Person, die dir guttut. Fordere die Hilfe ein, die du jetzt benötigst. Denn wichtig ist auch zu wissen, dass man auch nicht immer alles alleine durchstehen und schaffen muss. Es gibt immer auch Menschen in deinem Leben, die dir die notwendige Hilfe und Unterstützung geben. Rufe dir den schönen Satz ins Gedächtnis: „Und wenn du denkst, es geht nicht mehr, kommt von irgendwo ein Lichtlein her." Ja, und so ist es ganz oft in unserem Leben. Gerade, wenn es so schwer ist, kommt von irgendwo ein Lichtlein her. Sei es eine liebe Person, die dir gerade guttut und dir durch ein wertvolles Gespräch hilft. Oder ein gutes Buch, das dir in deiner jetzigen Situation einen richtig wertvollen Tipp gibt. Ein neues Jobangebot, das dich erfüllt und dir Freude macht. Ganz egal, wie das Licht zu dir kommt. Sei dir einfach gewiss, dass dieses Lichtlein kommt. Das WIE, überlasse einfach dem LEBEN. Denn dieses kennt Wege, die wir Menschen in solch einem Moment noch nicht einmal erahnen können. Vertraue einfach dem Leben und sage dir immer wieder: „Alles ist gut und richtig, wie es jetzt ist." Auch wenn du das Geschenk jetzt noch nicht sehen kannst. Sei dir ganz sicher, das Geschenk ist da. Oftmals braucht es halt auch etwas Geduld und Zeit, damit du dein Geschenk in Empfang nehmen kannst. Das Leben ist einfach zu kurz und auch ehrlich gesagt zu schön, um sich über ein Problem, eine Person oder Ähnliches aufzuregen. Sich ewig mit seinen negativen Gedanken zu beschäftigen, bringt auf Dauer sowieso keine Lösung. Du hast immer die freie Wahl und nur du allein bist verantwortlich für dein Glücklichsein. Egal, was gestern passiert ist, heute ist ein neuer Tag. Und du kannst dich heute für ein ganz neues Leben entscheiden. Du kannst dich heute und jeden Tag für Freude, Liebe und dein ganz persönliches Glücklichsein entscheiden. Nimm die Herausforderungen des Lebens an und gehe hindurch. Sei entschlossen und bereit, jedes Hindernis und jede Herausforderung in deinem Leben anzunehmen und zu meistern. Glaube an dich und stelle dich deinen ganz persönlichen Lebensaufgaben. Schritt für Schritt wird es leichter werden. Nimm es an. Du wirst sehen, dass jede Hürde, jede Herausforderung, dich nur noch stärker und größer macht. Und denke immer daran, dass hinter jedem Problem, hinter jedem Tief, ein Geschenk wartet. Dieses Wissen allein, gibt enorm Kraft, durch diese Herausforderung hindurchzugehen. Tue alles, was für dein Wachstum notwendig ist. Jedes überstandene Problem oder besser gesagt, jede überstandene Herausforderung, macht dich stärker und größer. Ja, sogar dein Bewusstseinszustand verändert sich. Du wirst dir deiner selbst noch bewusster. Du merkst immer deutlicher, wer du bist. Ein Tief dient also wirklich deinem ganz persönlichen Wachstum. Einem Wachstum auf allen Ebenen. Also körperlich, geistig und seelisch. Und Wachstum ist gut und wichtig. Wenn du ganz ehrlich zu dir bist, möchtest du doch auch gerne wachsen. Du möchtest dich weiterentwickeln und groß sein. Habe ich recht? Denn wenn du groß und stark bist, bist du auch kein Opfer mehr. Du steigst aus der Kleinheit aus und nimmst dein Leben selbst in die Hand. Du bist dein eigener Schöpfer. Du übernimmst die volle Verantwortung, für dein ganzes Leben, zu 100 %. Ja, du bist viel größer, als du denkst. Und dein eigener Schöpfer zu sein ist wirklich eine sehr große Voraussetzung für dein ganz eigenes Wohlbefinden und Glücklichsein. Also denke immer daran: Probleme sind Geschenke. Auch, wenn du zum Zeitpunkt deines eigenen Tiefs, dieses Geschenk nicht sehen kannst. Sei dir ganz Gewiss, dass dieses Geschenk schon an der nächsten Ecke wartet. Sei bereit für dein Geschenk.

*Sei du selbst die Veränderung, die du dir wünschst für diese Welt.*

*Mahatma Gandhi*

# Sei du die Veränderung, die du dir wünschst

Wenn es uns Menschen schlecht geht und wir uns unglücklich fühlen, neigen wir dazu, im Außen zu suchen. Wir geben unseren Eltern die Schuld, unserer schlechten Kindheit, unserem Partner oder unseren schreienden Kindern. Wir geben allen anderen die Schuld, nur nicht uns selbst. Das kann und wird dich nicht glücklich machen. Denn nur DU allein kannst dich glücklich oder unglücklich machen. Und nur DU allein bist verantwortlich für dein Leben. Ja, ich weiß, selber für sein Glück oder Unglück verantwortlich zu sein ist schon eine harte Aussage, die auch etwas Arbeit mit sich bringt. Das Positive daran ist, wenn du die Hauptverantwortliche für dein eigenes Glück bist, dann kannst du zu jeder Zeit an deinem jetzigen Zustand etwas ändern und zu deinem eigenen Glücklichsein beitragen. Jeder Einsatz, den du aufbringst, um glücklicher zu sein, wird sich vielfach auszahlen. Das kann ich dir aus eigener Erfahrung heraus sagen und glaube mir, ich habe richtig viel Einsatz gezeigt.

Sei also du die Veränderung, die dich in ein glückliches Leben führt. Kommen wir jetzt also wirklich zur Sache.

### Sei DU die Veränderung, die du dir wünschst.

Du bist in deiner Partnerschaft, deiner Ehe unglücklich. Ist dein Partner für dein Glück oder Unglück verantwortlich?

Nein.

### Sei DU die Veränderung, die du dir wünschst.

Du fühlst dich bei deiner Arbeit im Geschäft sehr gestresst, weil du einen Choleriker als Chef hast. Ist dieser Chef verantwortlich für dein Glücklichsein?

Nein.

### Sei DU die Veränderung, die du dir wünschst.

Du fühlst dich nach jedem Treffen mit deiner Freundin oder deinem Freund schlecht und ausgelaugt. Ist sie oder er verantwortlich für dein Glücklichsein?

Nein.

### Sei DU die Veränderung, die du dir wünschst.

Du hast Eltern, die ständig an dir herumnörgeln und dich erniedrigen. Sind sie verantwortlich für dein Glücklichsein?

Nein.

## Sei DU die Veränderung, die du dir wünschst.

Nur DU allein bist verantwortlich für dein Glücklichsein. Und ja, auch wenn dein Partner, dein Ehepartner, deine Freundin, dein Freund, deine Mutter, dein Vater oder auch dein Chef ständig schlecht gelaunt sind und es dir alles andere als leicht machen. Du hast immer die freie Wahl. Und DU persönlich kannst dich immer fürs Glücklichsein entscheiden. Denn Entscheidungen Formen unser Leben.

Hierzu fällt mir der wundervolle Spruch ein: „Du bist deines Glückes Schmied." Ja, DU bist verantwortlich für dein Glücklichsein und kannst alles ändern. Und da du immer die freie Wahl hast, könntest du dich zum Beispiel auch zu jederzeit von deinem schlecht gelaunten Partner/in, der streitsüchtigen Freund/in trennen. Du könntest auch jederzeit, deinen alten Job kündigen und dir eine neue erfüllende Arbeitsstelle suchen. Und du darfst dich auch deinen nörgelnden Eltern widersetzen und ihnen klarmachen, dass du, so wie jeder Mensch hier auf Erden, eine freundliche und wertschätzende Kommunikation verdienst. Und falls du schon erwachsen bist, hast du auch jederzeit die Möglichkeit bei den Eltern auszuziehen. Ja, alle diese Freiheiten hast du. Habe ich recht? Du bist also wirklich deines ganz eigenen Glückes Schmied und trägst zu 100 % die Verantwortung für dein eigenes Leben.

Nicht andere sind für dein Glück verantwortlich, sondern DU. Und das ist doch großartig. Da DU für dein Leben und dein Glücklichsein verantwortlich bist, kannst auch DU zu jeder Zeit an deinem jetzigen Zustand etwas ändern. Auch dann, wenn dieser Zustand, jetzt gerade, eher alles andere als Glückseligkeit ist.

## Das Leben ist stetige Veränderung

Das Leben ist stetige Veränderung und ein ständiges Wachsen. Alles was nicht wächst, stirbt ab. Denke da zum Beispiel an eine Blume. Sie wächst, wird größer, entfaltet sich und blüht. Wenn sie nicht mehr wachsen kann, welkt sie und stirbt ab. Und genauso wie Blumen Nährstoffe, Sauerstoff und Wasser für ihr Wachstum benötigen, so brauchen auch wir Menschen gewisse Dinge, damit es uns gut geht und wir uns auch entfalten können. So strebt jeder Mensch zum Beispiel nach einer gewissen Sicherheit in seinem Leben, er braucht Nahrung, soziale Kontakte und vieles mehr. Und erst wenn seine Grundbedürfnisse erfüllt sind, kann der Mensch wachsen und sich selbst verwirklichen. Wenn wir aufhören, uns zu verändern und regelmäßig Neues zu lernen, verkümmern wir und Wachstum ist nicht mehr möglich. Fakt ist, auch wir werden irgendwann sterben. Die Frage ist nur, wie wir unser Leben „vor dem Tod" verbringen? Glücklich oder unglücklich? Ich habe mich für das Erste entschieden, denn das Leben hat gleich viele Tage, ob du es lachend oder weinend verbringst. Zur Info: Lachend und glücklich durchs Leben zu gehen macht richtig Spaß und ist sehr viel angenehmer! ☺

Gerade auch die Veränderung ist es, die unser Leben so interessant und lebenswert macht. Denn die Veränderung macht uns Menschen sehr glücklich und erfüllt, weil Veränderung persönliches Wachstum bedeutet. Deshalb sei offen für Veränderung, finde Gefallen an deinem ganz eigenen Wachstum und an deiner persönlichen Entfaltung. Genieße deine Veränderung, die dich in deine Verwandlung zum Glücklichsein führt.

Dein Leben ist ein ständiger Wachstumsprozess. Es ist ein ständiges Lernen und Tun, Lernen und Tun, Lernen und Tun. Und umso mehr du lernst und es vor allen Dingen dann auch tust, umso schneller gelangst du an dein Ziel. Sei mutig und gehe auf dein nächstes Level in deinem Leben. Denn das Leben hat noch so viel mehr zu bieten, als das, was du bisher erfahren und erlebt hast. Glaube mir, an sich zu arbeiten und Veränderung zu wagen lohnt sich wirklich sehr.

Veränderung braucht als allererstes einen Entschluss von dir und ein klares Ziel. Du bist wirklich die Veränderung, die du dir wünschst. Und für dein eigenes glückliches Leben darfst du wirklich etwas tun. Denn wie sagte Albert Einstein so schön: „Auf Veränderung zu hoffen, ohne selbst etwas dafür zu tun, ist wie am Bahnhof zu stehen und auf ein Schiff zu warten." Oder: „Die Definition von Wahnsinn ist, immer wieder das Gleiche zu tun und andere Ergebnisse zu erwarten."

## Sei bereit für dein Glücklichsein

Bist du bereit zu deinem persönlichen Glücklichsein? Großartig, dann sprich am besten laut und voller Überzeugung die drei folgenden Aussagen nach:

Ich will glücklich sein.

Ich kann glücklich sein.

Ich mache alles, damit ich glücklich bin.

Das hört sich doch richtig gut an. Also komm, gleich noch einmal:

Ich will glücklich sein.

Ich kann glücklich sein.

Ich mache alles, damit ich glücklich bin.

Und noch ein drittes Mal. Und schön laut und voller Überzeugung:

Ich will glücklich sein.

Ich kann glücklich sein.

Ich mache alles, damit ich glücklich bin.

Ja, jetzt spürst du die Kraft dieser drei Sätze. Du bist der Schlüssel für dein Glück.

# Lebe JETZT

Die meisten Menschen warten jeden Tag auf den Abend, jede Woche auf den Freitag und das herbeigesehnte Wochenende. Die gesamten Jahre warten sie auf ein paar lächerliche Wochen Urlaub und zuletzt noch auf die Rente. Sie warten ihr ganzes Leben lang auf die wundervollen und besseren Zeiten. Und bei diesem warten verpassen Sie es, zu leben. Sie übersehen das Glück, das oft vor ihrer eigenen Nase herumläuft. Ganz oft sind es eben gerade diese tagtäglichen, kleinen Glücksmomente, die uns so sehr glücklich machen. Es ist vielleicht dieses herzliche Lachen von einem kleinen Kind, das dir so viel Freude macht. Oder der Schmetterling, der gerade auf deiner Terrasse herumfliegt und dich an deine Leichtigkeit erinnern möchte. Es ist vielleicht der Postbote, der dir heute Morgen schon ein aufmunterndes Wort geschenkt hat. Und vielleicht ist es einfach die Sonne, die schon den ganzen Tag scheint. Wichtig ist, dass wir solche Glücksmomente bewusst wahrnehmen. Uns daran erfreuen, sie genießen und immer wieder an sie denken.

Wer glücklich sein will, braucht auch Mut. Mut zur Veränderung. Mut, alte Bahnen zu verlassen. Und letztendlich Mut, auch neue Wege zu gehen. Und ja, Veränderung ist anstrengend, doch am Ende ist es immer wunderschön. Veränderung lohnt sich auf jeden Fall. Alles kann nur noch besser kommen. Und ich bin vollkommen davon überzeugt, dass diejenigen Menschen, die sich anstrengen und etwas für ihr glückliches Leben tun, auch auf jeden Fall ihre Belohnung dafür bekommen. Denn wie heißt es so schön: „Ohne Fleiß kein Preis!" Ja, Zitate zeigen oft auf, wie das Leben funktioniert.

Ich habe es geschafft, ein glücklicher und freier Mensch zu sein und du schaffst das auch. Ich glaube ganz fest an dich. Und sei dir gewiss, dass mein Buch dich zu 100 % bei deiner Verwandlung in dein zutiefst, glückliches Leben unterstützt und dich der gesamte Inhalt Schritt für Schritt deinem Glücklichsein näher bringt. Als kleine Einstimmung und sozusagen als Startschuss zu deinem wundervollen Leben in Leichtigkeit, Liebe und Glückseligkeit möchte ich dir gerne eine kleine Geschichte erzählen. Viel Spaß.

## Die wundervolle Verwandlung

Es war einmal eine kleine Raupe. Die kroch mühselig durch ihr anstrengendes Leben. Niemand nahm sie wirklich wahr. Manche spotteten sogar über sie. Schau dir nur diese hässliche Raupe an. Wie langsam sie vorankommt. Die bringt es wirklich zu nichts. Ja, solche grausamen Worte taten der kleinen Raupe echt weh. Schließlich war es so schlimm, dass sie sich zurückzog und nur noch mit sich alleine sein wollte. Ja, am liebsten hätte sie ihrem Leben ein Ende gemacht. Sie wickelte sich ein und war ganz lange alleine und ganz bewegungslos. Und als sie aus dem tiefen Schlaf erwachte, traute sie ihren Augen nicht. Was war geschehen? Die Raupe fühlte sich auf einmal leicht und glücklich. Wo war diese Schwere geblieben? Ja, sie hatte sich in einen wundervollen Schmetterling verwandelt. Jeder, der ihn sah, sagte: „Schau dir diesen Schmetterling an, wie wunderschön er ist und wie leicht er durch sein wunderschönes Leben fliegt." Dem Schmetterling wurde bei solch liebevollen Worten richtig warm ums Herz und er fühlte sich wirklich rundum glücklich.

Ich liebe diese wundervolle Geschichte und Schmetterlinge auch. Sie erinnern mich selbst an meine Leichtigkeit. Ja, jeder Schmetterling war davor eine kleine, schwerfällige Raupe. Als Raupe mühst du dich ab, kriechst am Boden, wirst oft übersehen und viele finden dich zusätzlich auch noch hässlich. Als Raupe hast du es schwer und bist durch deine Größe, genauer gesagt deine Kleinheit, das Opfer von vielen.

So wie es dieser kleinen Raupe geht, geht es uns Menschen oft auch. Sinnbildlich mühen wir uns tagtäglich ab und haben es schwer. Wir werden von vielen in unserer wahren Größe nicht so wahrgenommen, wie wir in Wirklichkeit sind. Und durch diese Kleinheit werden wir dann auch noch oft Opfer von anderen Menschen.

War dieses Tief, das die Raupe erlebt hat, das Ende? Nein, es symbolisiert in Wirklichkeit einen wundervollen Anfang. Die schwerfällige Raupe verwandelt sich zu einem prachtvollen Schmetterling. Ein Schmetterling flattert mit Leichtigkeit durch sein Leben, er fliegt von einer Schönheit zur Anderen und bedient sich frei vom Nektar der schönen Blumen. Er wird wahrhaftig in seiner Pracht und Schönheit wahrgenommen und bewundert.

Ist es das Ende, wenn du an einem Tiefpunkt angelangt bist? Nein, es kann, wie bei der Raupe ein wundervoller Anfang sein. Sei dir dessen bewusst. Auch wir können so ein prachtvoller Schmetterling sein. Unser Leben tagtäglich mit Leichtigkeit Leben, von einer Freude zu anderen gehen und die wundervollen Früchte der Liebe ernten. Wir werden von anderen in unserer Schönheit und Größe wahrgenommen und bewundert. Ja, da kommt dir ein Grinsen auf die Lippen. Du denkst dir jetzt bestimmt, wäre das schön. Und ich sage dir, es ist die Wirklichkeit. So wie jede Raupe es zum Ziel hat, ein Schmetterling zu werden, so ist es auch unser aller Ziel, uns zum Glücklichsein zu verwandeln. Denn glücklich zu sein ist das Recht jedes Menschen. Dieser Aussage von Marc Aurel stimme ich vollkommen zu und ich wünsche mir wirklich aus tiefem Herzen, dass so viele Menschen, wie nur möglich, glücklich sein können. Dieser Herzenswunsch ist auch der Grund und die Motivation, warum ich dieses Buch geschrieben habe. Und ich bin mir ganz sicher, dass auch du dich zu einem glücklicheren Menschen verändern kannst.

Wichtig bei deinem ganz persönlichen Veränderungsprozess ist auch immer wieder Geduld mit dir selber zu haben. Denn gerade große und wichtige Dinge im Leben brauchen eine gewisse Zeit. Vielleicht musst du erst noch gewisse Fähigkeiten erlernen, damit du an deinem Ziel ankommst. Oder du musst vorher noch selbstbewusster und mutiger werden, damit du dein nächstes Level erreichen kannst. Was auch immer es ist, sei geduldig und gib dir selbst diese Zeit, die für dein eigenes

Wachstum notwendig ist. Sei dir sicher, wenn du dran bleibst, erreichst auch du dein Ziel.

Unser Verhalten ist der Zustand, indem wir uns gerade befinden. Wenn du also einen anderen positiveren Zustand erreichen möchtest, ist es wichtig, dass DU dein Verhalten ins Positive wandelst. Denn wenn du dich selbst verwandelst, verwandelt sich auch die Welt um dich herum. Deine innere Welt wird dir, in der äußeren Welt, gespiegelt. Du siehst also die äußere Welt, um dich herum, immer nur so, wie du dich im Innern fühlst. Bleibe so gut wie möglich, immer ganz bei DIR und suche im INNERN nach LÖSUNGEN. Sei wirklich DU die Veränderung, die du dir wünschst und denke immer daran, alleine schon der bewusste Entschluss, etwas ändern zu wollen, trägt zu deiner positiven Veränderung bei. Schritt für Schritt werden sich dir Wege auftun, die dich bei deinem ganz persönlichen Glücklichsein unterstützen. Den ersten wichtigen Schritt hast du mit dem Lesen dieses Buches schon mal gemacht, denn dieses Buch hilft dir definitiv bei deiner Verwandlung zum Glücklichsein. Der zweite, ganz wichtige Schritt ist natürlich das Umsetzen des Gelesenen. Denn Erfolg kommt vom Tun.

Verändere dein eigenes Verhalten so lange, bis du dich gut und glücklich fühlst. Werde dadurch zu dem Menschen, der du sein willst.

Ich wünsche dir weiterhin viel Freude beim Lesen und Tun. Und noch viel mehr Freude bei deiner ganz persönlichen Verwandlung zum Glücklichsein.

*Sei eine erstklassige Ausgabe deiner selbst, keine zweitklassige von jemand anderem.*

*Judy Garland*

# Du bist der wichtigste Mensch in deinem Leben

Es geht jetzt um DICH, den wichtigsten Menschen in deinem Leben. Ja, du hast richtig gehört, du bist der wichtigste Mensch in deinem Leben und deshalb darfst auch du an erster Stelle stehen. Es geht schließlich hier um dein Leben. Habe ich recht? Und um deinen inneren Kritiker, der sich bei diesen Worten vielleicht schon bei dir gemeldet hat, zu stoppen, sage ich dir, dass diese Einstellung keinesfalls egoistisch, sondern lebensnotwendig ist.

Jetzt geht es also wirklich um DICH. Ich weiß, dass bei dieser Aussage, dass du der wichtigste Mensch in deinem Leben bist, die meisten Menschen erst mal tief durchatmen müssen. Aus diesem Grund ist es mir wichtig, zu klären, warum wir Menschen diese Aussage, ungewöhnlich und oft sogar egoistisch empfinden. Dieses Gefühl, das bei solchen Aussagen auftaucht, kommt aus unserer Kindheit oder besser gesagt von unseren negativen Glaubenssätzen in uns. Meist hören wir in unserer Kindheit solche Sätze, wie zum Beispiel: „Nimm dich nicht so wichtig. Du bist zu klein. Das kannst du nicht. Das sollst du nicht. Das schaffst du nie." Und so weiter und so weiter. Solche negativen Sätze erniedrigen uns und machen uns klein. Und diese Sätze, die uns kleinmachen, sind auch jetzt noch in unseren Köpfen drin. Negative Glaubenssätze sind also Sätze, die wir in der Vergangenheit oft gehört haben und uns negativ beeinflussen, weil sie im Unterbewusstsein dauerhaft abgespeichert sind. Somit kommen diese Gefühle der Kleinheit, auch heute, immer noch in uns hoch. Sich wichtig zu nehmen und an die erste Stelle zu setzen, gab es in unserer Kindheit einfach nicht.

Verstehst du jetzt, dass wir uns bei dieser Aussage: „Du bist der wichtigste Mensch in deinem Leben", irgendwie komisch fühlen? Wir haben es als Kind nicht gelernt. Deshalb fällt es uns, als Erwachsener so schwer, uns selbst als die wichtigste Person anzunehmen und diese wichtigste Person für uns selbst auch zu sein. Doch glaube mir, du und nur du allein, bist die wichtigste Person in deinem Leben. Denn nur du allein, kannst dich glücklich oder unglücklich machen. Und wenn es dir gut geht, geht es auch allen anderen in deinem Umfeld gut. Wenn du auf deine Bedürfnisse schaust, dir Zeit für dich nimmst (hierzu mehr in einem späteren Kapitel) und vor allem dir auch Gutes tust, hast du auch wieder viel mehr Kraft, Energie und Lust, dich um andere zu kümmern.

## Bleibe DIR treu

Das Allerwichtigste ist, dass du dir selber treu bleibst. Denn du bist großartig so, wie du bist. Hör auf, dich in irgendeine Form zu pressen, in die du einfach nicht hinein passt. Hör auf, dir eine Maske aufzusetzen, die dir gar nicht steht. Das alles kostet dich sehr viel Kraft und Energie und macht auf Dauer sogar krank. Sei du selbst, denn du bist so, wie du bist, genau richtig. Du hast dein ganz eigenes Äußeres, deinen ganz eigenen Charakter, deine eigenen Gaben und Talente und das darfst du auch zeigen. Es ist sogar wichtig, dass du das alles ganz ehrlich zeigst, denn genauso, wie du in Wirklichkeit bist, hast du deinen Platz auf dieser göttlich, schönen Erde. Lass dein Licht leuchten und gestehe dir deine eigene Größe und Schöpferkraft ein. Ja, du hast richtig gelesen, du darfst ruhig zu deiner Größe stehen. Hör auf, dich kleinzumachen. Denn wenn du dir selber nicht einmal deine Größe zugestehst, wie sollen es dann erst die anderen tun? Du siehst also, dass es ganz wichtig ist, erst bei sich selbst anzufangen, um von den anderen dann auch so gesehen und wahrgenommen zu werden. Wer ist also verantwortlich für deine Größe? Ja, genau, du. Du und nur DU allein, kannst dafür sorgen, dass du von anderen in deiner wahren Größe, deinem wahren Sein wahrgenommen wirst. Und wenn du das schaffst, dann hören auch diese blöden Opferspiele und Unterdrückungen auf. Komm los, feiere dich selbst, sei stolz auf dich und zeige anderen Menschen deine eigenen Gaben und Talente, dein Licht und deine Größe. Du schaffst das, du darfst leuchten. Und denke immer daran, alles, was du brauchst, steckt bereits in dir. Ja, du hast alles, was du für dein Leben und deine Bestimmung brauchst in dir. Nämlich deine ganz eigenen Talente und Gaben. Dein ganz eigenes Wissen und deine ganz eigene Weisheit.

Kennst du deine eigenen Gaben und Talente? Lebst du sie schon? Wenn du dir schwertust, bei der Suche nach deinen eigenen Gaben und Talenten, können die folgenden Fragen eine gute Hilfestellung sein.

## Deine Gaben und Talente

1. Was macht dir Freude?
2. Was kannst du gut?
3. Was begeistert dich?
4. Womit begeisterst du andere Menschen?

5. Was bringt dein eigenes Herz zum Leuchten?

6. Welche Träume in dir warten noch auf Verwirklichung?

7. Womit kannst du der Welt dienen?

Höre genau hin, du hast alle Antworten für dein Leben in dir. Hier noch ein paar persönliche Beispiele zu Gaben und Talenten:

Ich, zum Beispiel, lache sehr gerne. Es ist eine große Gabe, dass ich andere Menschen, mit meiner positiven Art und Freude anstecke und sie dadurch zum Lachen bringe. Ich bin ein glücklicher Mensch und ich mache andere Menschen gerne glücklich.

Ein alter Schulfreund, hatte schon immer sehr viel Freude beim Kochen. Außerdem hat er selbst, schon immer sehr gerne, gutes Essen genossen. Heute ist er ein sehr guter Koch, in einem edlen Restaurant und verwöhnt mit seinen Kochkünsten viele Besucher.

Eine frühere Sängerkollegin hatte schon immer eine sehr gute Stimme und sie spielte zusätzlich auch noch voller Begeisterung Klavier. Heute ist sie Chorleiterin von einem sehr guten Kirchenchor und begeistert, mit ihrer eigenen Liebe zur Musik, viele Menschen.

Eine sehr gute Freundin hat eine sehr große Liebe zum Göttlichen. Ihre große Gabe ist es, dass sie eine starke Verbindung zur geistigen Welt hat und durch spirituelle Botschaften ganz vielen Menschen in deren Leben helfen kann.

Und ein früherer Schulkollege, der schon immer sehr viel Freude am Erschaffen und zusammen bauen hatte, führt heute ein eigenes Handwerksunternehmen und baut Häuser.

Du siehst also, dass es viele verschiedene Gaben gibt, mit denen wir auf dieser wundervollen Welt wirken können und unseren Beitrag zum Wohle aller leisten können. Also los, lebe deine Gott gegebenen Gaben und zeige den Menschen und der Welt, wer du wirklich bist und welche Talente in dir stecken. Lass dein Licht scheinen. Wenn du dich so zeigst, wie du bist, hast du auch viel mehr Energie und Kraft. Somit kannst du auch Großartiges bewirken und vollbringen. Du musst schon zugeben, dass einfach DU zu sein, wunderschön ist. Habe ich recht? Also los, runter mit den Masken, weg mit der Form. Trau dich und sei ganz du selbst. Es ist wirklich sehr wichtig, dass du ein bewusstes „Ja" zu DIR selbst sagst. Denn mit diesem deutlichen „Ja" öffnest du alle Schleusen zu deinem wahren Sein. Erinnere dich an deine wahre Essenz. Du bist pures Licht und Liebe und mit deinen ganz eigenen Gaben und Talente bringst du das Licht in dir zum Leuchten. Denn genau dieses Leuchten von DIR braucht diese Welt. Scheine geliebte Seele, scheine.

*Wer einmal sich selbst gefunden hat,*
*kann nichts auf dieser Welt mehr*
*verlieren.*

Stefan Zweig

# Liebe DICH, wie DU bist

In diesem Kapitel geht es um deine Selbstliebe. Um deine Liebe, deine Beziehung zu Dir selbst. Denn mit wem denkst du, hast du in deinem Leben die längste Beziehung? Vielleicht mit deinen Eltern? Deinen Großeltern? Oder mit deinem Partner? Richtig, du ahnst es schon. Weder noch. Die längste und auch wichtigste Beziehung in deinem Leben hast du einzig und allein mit DIR selbst. Denn du bist der einzige Mensch, der jede Sekunde deines Lebens, angefangen von der Geburt bis zum Tod, mit Dir Zeit verbringt. Du bist die wahre Liebe deines Lebens, deshalb ist es auch sinnvoll, dass du dich mal ganz auf DICH konzentrierst. Es ist wirklich wichtig, dass du dich um deine Beziehung zu dir selbst kümmerst und es ist dringend notwendig, dass du deine Liebe in dir und zu dir so intensiv wie nur möglich lebst und wahrnimmst. Und Selbstliebe hat keines Falls was mit Arroganz oder Überheblichkeit zu tun. Ganz im Gegenteil. Wer sich selbst liebt, der kann diese Liebe, diese wundervolle Energie dann auch weitergeben. Menschen, die also eine große Selbstliebe besitzen, sind daher ganz besonders mitfühlend und hilfsbereit. Denn sie verkörpern Wort für Wort diese Liebe. Ich gehe sogar noch einen Schritt weiter. Die Menschen, die Selbstliebe ganz und gar leben, sind die Liebe. Sie atmen Liebe, sie reden aus Liebe, sie handeln aus Liebe. Und das jeden Tag und auch zu jedem Menschen. Vor allem zu sich selbst. Denn diese Liebe, die du dir dabei selbst schenkst, kann dir auch niemand mehr wegnehmen. Sie ist fest verankert in dir selbst. Das wundervolle Buch von Eva Maria Zurhorst mit dem Titel: „Liebe dich selbst und es ist egal, wen du heiratest", bringt es auf den Punkt. Ich habe es gelesen und finde es ein richtig wertvolles Buch und ich kann diese Aussage bestätigen. Du verdienst deine eigene Liebe. Die Liebe zu DIR selbst macht dich frei und unabhängig. Es kann dir egal sein, wer dich liebt oder nicht liebt. Denn du weißt, eine Person liebt dich immer. Du selbst. Wenn du dich selbst liebst, dann strahlst du diese Liebe auch aus. Und wenn du diese Liebe ausstrahlst, dann begegnet dir diese Liebe, die du dir selber geschenkt hast, auch im Außen. Dann kommt auch der Partner in dein Leben, den du dir schon so lange gewünscht hast. Dann bekommst du die Arbeitsstelle, die dich in deinem Tun erfüllt und glücklich macht. Dann bekommst du Freunde, die dich wertschätzen und mit denen du jede Menge Spaß hast. Denn wer die Liebe in sich trägt, der strahlt auch diese Liebe aus.

Und alles, was du ausstrahlst, fließt zu dir zurück. Das ist ein universelles Gesetz. Ja, dieses Gesetz kann ich vollkommen bestätigen. Als ich anfing, mich so wirklich, richtig selbst zu lieben, wurde einfach alles wunderschön in meinem Leben. Die Selbstliebe ist, aus meiner Erfahrung, einer der zentralen Schlüssel zum Glücklichsein. Aus diesem Grund ist es mir ein großes Bedürfnis dich über diese kraftvolle Selbstliebe aufzuklären. Ich erzähle dir, wie du es schaffst, dich selbst zu lieben, genauer gesagt, was du alles für deine Liebe zu DIR selbst, tun kannst und was Selbstliebe eigentlich bedeutet.

## Dein Spiegelbild

Dein ganzes Leben ist ein Spiegelbild von dir selbst. Es ist ein Spiegelbild von deinem inneren Selbstbild, von deinen inneren Glaubenssätzen und Überzeugungen. Und letztendlich ist dein Leben ein Spiegelbild deiner Selbstliebe, deiner Liebe zu DIR. Sich selbst zu lieben, ist sozusagen, die Basis von allem. Diese Selbstliebe ist sehr wichtig und somit ein sicheres Fundament für ein erfolgreiches und glückliches Leben. Nur wenn du dich selbst liebst, kannst du diese Liebe weitergeben und auch empfangen.

## Liebe alle Seiten an DIR

Ich möchte es jetzt gleich mal auf den Punkt bringen. Selbstliebe ist für mich kein Honig schlecken und nur so ein oberflächliches Gelaber. Nein, bei der Selbstliebe, von der ich rede, geht es schon auch ein bisschen um Arbeit und es geht vor allen Dingen auch ganz schön in die Tiefe. Denn mit sich selbst lieben, meine ich alle Seiten an dir. Die liebe, freundliche Seite zu lieben fällt einem oft sehr leicht. Doch auch die negative, ja sogar hässliche, unfreundliche Seite, die jeder von uns auch hat, darf auch angenommen werden. Ja, das heißt, dass es auch dazu gehört, wenn du mal ausflippst, herumschreist, frech bist und dich selber nicht wieder erkennst. Du bist einfach alles. Du bist lieb, fröhlich, freundlich, lustig … Und du bist auch unfreundlich, gehässig … Das alles gehört zu dir, ist eins und möchte auch gelebt und wahrgenommen werden. Nimm DICH also so an, wie DU bist und akzeptiere ALLE deine Seiten an dir, denn dann beginnst du DICH wirklich ganz und gar selbst zu lieben. Das heißt natürlich auch, dass jeder Mensch diese Seiten hat und dass wir auch bei den anderen Menschen diese Seiten annehmen dürfen. Ja, ich weiß, diese negativen Seiten können manchmal ganz schön anstrengend und verletzend sein. Auch das gehört zu unserem Leben dazu. Dennoch wissen wir ja jetzt, dass alle Seiten gelebt werden wollen und es auch wirklich wichtig ist, dass alle Seiten aus uns hervorkommen. Bei mir persönlich waren es meine Kinder, die dafür gesorgt haben, dass ich meine Schattenseite kennengelernt habe. Und das ist ganz oft so. Denn Kinder gleichen unsere Defizite aus. Das heißt, unsere Kinder helfen uns dabei, alle unsere Seiten kennenzulernen. Zunächst mal fordern sie sehr viel Liebe und Zärtlichkeit ein. Ich gebe viel Liebe und ich bekomme auch sehr viel Liebe zurück. Es ist eine sehr gefühlvolle Zeit. Doch es ist auch völlig normal, dass diese Gefühle nicht nur positiv sind. Es wird die Zeit kommen, wo du als Mama oder Papa einfach nur sauer und verärgert bist. Die Kinder nerven, tun nicht, was sie sollten und sind einfach nur anstrengend. Somit ist schon wieder alles nur Scheiße. Und dann kommt auch mal deine nicht ganz so sonnige Seite zum Vorschein und wird gelebt und wahrgenommen. Wenn dann alles draußen ist, bist du wieder freundlich und lieb, bis zur nächsten Herausforderung. Das heißt nicht, dass jede Herausforderung mit schreien und Unfreundlichkeit enden soll. Natürlich können und sollen die Probleme oder Streitereien mit viel Liebe und Freundlichkeit gelöst werden. Doch manchmal hast du als Mama oder Papa bzw. als Mensch einfach nicht die Kraft und Energie dies alles ganz entspannt und liebevoll zu regeln. Dann wirst du mal lauter, schreist herum und sagst Dinge, die dir hinterher leidtun. Und dann ist es auch in Ordnung so, wie es gerade war. Du hast gerade deine Schattenseite kennengelernt. Deine Kinder oder dein Gegenüber, haben dir dabei geholfen, dass diese Seite endlich mal wahrgenommen wird und aus dir heraus kann. Liebe also deine Kinder, deinen Partner, dein Freund oder Freundin, oder wen auch immer dafür und sei stolz auf dich, dass du diese Seite annehmen darfst und kannst. Doch, zurück zu den Kindern. Kinder sind gleichzeitig also auch unsere eigenen kleinen Lehrmeister. Von ihnen können wir Erwachsene ganz schön was lernen. Vor allem sind sie, wie sie sind. Sie sind fröhlich, witzig, liebevoll, ausgelassen, wütend, unfreundlich, verletzend und schreien herum. Kinder sind authentische Wesen und lassen ihren Gefühlen freien Lauf. Auch wir sind, wie wir sind und es ist wichtig, dass wir authentisch leben. Denn unsere Gefühle wollen von uns gefühlt werden. (Auf Gefühle gehe ich in einem späteren Kapitel noch genauer ein.) Aus eigener Erfahrung, kann ich dir bestätigen, dass es wirklich sehr befreiend ist, jede Art von Gefühlen zuzulassen und auch zu zeigen. Ja, es macht dich letztendlich sogar zufriedener und freier. Und was ganz wichtig ist, zu einem authentischen Menschen, der sich so annimmt oder für Fortgeschrittene, so liebt, wie er ist. Das ist vor allem auch als Mama oder Papa sehr wichtig, da Kinder spüren, ob wir authentisch sind oder nicht. Doch auch in jeder zwischenmenschlichen Beziehung ist authentisch sein eine große Voraussetzung für ein gutes Miteinander. Denn authentisch zu sein, hat etwas mit Ehrlichkeit und Vertrauen zu tun. Ehrlichkeit sich selbst gegenüber und den Kindern bzw. den anderen Menschen gegenüber. Selbstliebe bedeutet also auch, liebe alle deine Seiten an DIR, nicht nur die Sonnigen und Guten. Und sei ehrlich, vor allem auch dir selbst gegenüber.

## Die Liebe ist in DIR

Je mehr wir durch Selbstliebe wieder bei uns selbst ankommen, umso mehr wird uns bewusst, dass wir nur dort kämpfen, jammern und abwehren, wo wir uns selbst nicht mehr gefühlt und geliebt haben. Wir lernen also, dass wir überall dort, wo es wehtut, Zuwendung von uns selbst brauchen. Und letztendlich lernen wir wirklich, dass wir diese Liebe, die wir oft im Außen suchen, vor allen Dingen in uns selbst finden. Das ist einer der wichtigsten Gründe, warum Selbstliebe so wichtig ist. Wir suchen und suchen immer nur im Außen und vor allem suchen wir diese wahre Liebe in anderen Menschen. Doch letztendlich ist diese wahre Liebe in uns. Natürlich ist es schön, wenn wir diese Liebe mit einem anderen Menschen teilen, genauer gesagt verdoppeln. Doch die Basis liegt bei jedem Einzelnen. Nur wenn du dich selbst liebst, kannst du auch andere Menschen lieben.

Verstehst du jetzt, wie wichtig die Selbstliebe ist? Es ist wirklich die Grundvoraussetzung, dass du überhaupt diese großartige Liebe einem anderen Menschen weiter schenken kannst. Und es ist die Grundvoraussetzung, dass du diese Liebe in einem anderen Menschen sehen kannst.

Aus meiner Erfahrung im eigenen Leben kann ich dir folgendes bestätigen: „Durch Selbstliebe, also deine Liebe zu DIR, wirst du richtig glücklich und zufrieden." Denn wenn du diese wahre Liebe in dir entdeckt hast, hast du einen großen Schatz in dir gefunden, der dir so viel Liebe schenkt, wie du es dir schon immer gewünscht hast. Diese Liebe in dir und zu dir, gibt dir enorme Kraft und eine große Portion Zufriedenheit. Also übe dich täglich in deiner Selbstliebe und mach alles, was dir Freude macht und dir guttut. Sei DU die wichtigste Person in deinem Leben, nimm deine Bedürfnisse wahr und fordere diese auch ein. Verwöhne dich selbst mal wieder. Mach zum Beispiel mal wieder ein schönes Entspannungsbad. Oder gönne dir ein schönes Wellnesswochenende, vielleicht sogar zusammen mit deiner Lieblingsfreundin. Geh mal wieder bummeln und kauf dir was Schönes. Mach einen schönen Tagesausflug, gehe mal wieder in die grüne Landschaft und genieße die vielen Schönheiten in der Natur. Sei kreativ, lache, singe, tanze. Mach einfach alles, was DIR, deiner SEELE und deinem KÖRPER guttut und nimm dir einfach Zeit nur für DICH (darüber sprechen wir im nächsten Kapitel ganz ausführlich).

Eine weitere, sehr effektive Methode, für deine Selbstliebe sind, positive und stärkende Affirmationen. Denn durch diese liebevollen Worte pflanzt du deine Liebe zu dir ganz tief in dein Inneres. Sozusagen verwurzelst du deine Liebe in DIR.

## Affirmationen zur Selbstliebe

1. Ich liebe mich.

2. Ich liebe meinen Körper, meinen Geist und meine Seele.

3. Ich liebe und akzeptiere mich so, wie ich bin.

4. Ich habe volles Vertrauen in mich, in meine Intuition und meine innere Stimme.

5. Ich bin gut und richtig, so wie ich bin.

6. Ich bin ein wertvoller Mensch.

7. Ich fühle die Liebe in mir, die mir eine wohltuende Lebensfreude schenkt.

Lies diese positiven Affirmationen zur Selbstliebe jetzt bewusst jeden Tag (am besten laut) durch. Du wirst sehen, wie deine Liebe zu dir selbst, täglich wächst und stärker wird.

Liebe, Zuversicht, Respekt, Fürsorge, das alles kannst du dir selber geben. Wichtig dabei sind vor allem dein geistiger Zustand und deine geistige Aktivität. Und ganz wichtig für deine Selbstliebe und dein Glücklichsein ist vor allem, was DU selber über DICH und DEIN Leben so denkst. Aus diesem Grund ist Gedankenhygiene so wichtig für ein Leben in Freude und Glückseligkeit. Doch, dazu mehr in einem späteren Kapitel.

Ja, es gibt viele Möglichkeiten, wie du deine Selbstliebe aktivieren und verstärken kannst.

Überlege dir auch selbst, was dir jetzt guttun würde, was dein Herz zum Jubeln bringen würde und was DICH so richtig glücklich macht. Und dann mach es einfach und genieße dein Leben in vollen Zügen.

## Worte zur Selbstliebe von Charlie Chaplin

„Als ich mich selbst zu lieben begann, habe ich mich von allem befreit, was nicht gesund für mich war, von Speisen, Menschen, Dingen, Situationen und von allem, das mich immer wieder hinunterzog, weg von mir selbst. Anfangs nannte ich das „Gesunden Egoismus", heute weiß ich, das ist SELBSTLIEBE."

Weise und wahre Worte sind das von Charlie Chaplin. Ja, befreie dich von Dingen, die dir nicht guttun. Schenke dir Zeit, schenke dir Aufmerksamkeit und vor allen Dingen, schenke dir diese LIEBE, nach der du dich schon so lange sehnst. Liebe dich selbst und sei glücklich in jeder Zelle deines Körpers. Und sei dir immer bewusst, dass die Selbstliebe, also sich selbst lieben, sehr zum Glücklichsein beiträgt. Denke vor allen Dingen immer daran, dass du dir diese Liebe, die du dir schon so oft von anderen Menschen gewünscht hast, selbst schenken kannst. Deshalb ist die Selbstliebe so ein wichtiger und großer Baustein zum Glücklichsein. Viel Spaß beim DICH SELBST LIEBEN.

Es ist nicht zu wenig Zeit, die wir haben, sondern es ist zu viel Zeit, die wir nicht nutzen.

Lucius Annaeus Seneca

# Nimm dir Zeit für DICH

Nimm dir Zeit für DICH selbst. Nimm dir Zeit für DICH, auch wenn du einen megaanstrengenden Job hast. Nimm dir Zeit für DICH, auch wenn du zwei, vier oder sechs Kinder hast. Nimm dir Zeit für DICH, auch wenn du, deine kranke Mutter oder deinen kranken Vater pflegst. Nimm dir Zeit nur für DICH, auch wenn du gerade sehr viel auf deine bevorstehenden Prüfungen lernen musst. Ganz egal, in welchen Lebensumständen du dich gerade befindest und wie stressig es vielleicht gerade in deinem Leben sein mag. Nimm dir Zeit für DICH. Aus meinem eigenen Leben heraus, kann ich dir versichern, dass es sich auf die ganze Familie, deine ganze Partnerschaft und auf deine gesamte Lebenssituation positiv auswirkt, wenn du dir wieder selbst Zeit für DICH nimmst. Du bist ausgeglichener, fröhlicher, hast mehr Kraft und Energie. Dabei ist es egal, was du tust, ob du ins Fitnessstudio gehst, ein aufbauendes, schönes Buch liest, einen schönen Spaziergang machst, bummeln, singen oder tanzen gehst, oder ein schönes Entspannungsbad machst. Die Hauptsache ist, du machst es nur für DICH und es macht dir Spaß.

## Wo ein Wille ist, ist auch ein Weg

Was, du hast keine Zeit dafür! Keine Zeit gibt es nicht. Jeder Tag hat 24 Stunden. Und da sind auch mal ein bis zwei Stündchen für DICH drin. Oh ja, ich weiß, mit Kindern und wenn du den ganzen Tag mit ihnen alleine bist, ist das nicht ganz so leicht. Stimme ich dir vollkommen zu. Dachte ich auch ganz lange. Oder wenn du berufstätig bist und eine 52 Stunden Woche hast und du einfach keine Energie mehr hast. Dann sieht erst mal wieder alles Scheiße aus. „Doch wo ein Wille ist, ist auch ein Weg." Das heißt, wenn du bereit bist, dein Leben zu ändern, dann werden sich auch Türen auftun, dass diese Änderung möglich ist. Du kannst, z. B. wenn du noch kleine Kinder hast, in ein Fitnessstudio mit Kinderbetreuung gehen, die Kinder mal zu den Großeltern bringen oder einen Babysitter engagieren. Und im Falle der 52 Stunden Woche kannst du dir auch jederzeit einen neuen Job suchen. Alles ist möglich. Du wirst sehen, jede Bemühung, die du aufbringst, um ZEIT FÜR DICH zu schaffen, wird reichlich belohnt werden.

## Zeit für DICH bringt Kraft

Unser Körper wurde geschaffen, um immer wieder neue Kräfte zu entfalten. Wenn wir ihm, in Bezug auf gesunde Ernährung, Bewegung, Schlaf und ein gesundes Gemüts- und Geistesleben, die nötige Aufmerksamkeit schenken, wird er sich erstaunlich gut erhalten und immer wieder neue Kräfte hervorbringen. Ich habe es selbst ausprobiert und an meinem eigenen Körper erfahren, dass ich wieder mehr Energie, Kraft und Gesundheit habe. Vor allem, dass wieder mehr Liebe, Freude und Leichtigkeit in mein Leben gekommen ist. Und das kann doch jeder in seinem Leben gebrauchen. Ja, diese Zeit nur für MICH, ist wichtig und wohltuend für mich geworden. Das durfte ich gerade wieder ganz frisch erfahren, da ich seit langer Zeit, mal wieder mehrere Tage ganz allein zu Hause war. Da mein Mann ein paar Tage ein Seminar besuchte und die Kinder Schulferien hatten, habe ich die Kinder ein paar Tage zu den Großeltern gebracht. Die Kinder sind sehr gerne dort, Oma und Opa freuen sich und ich genieße in vollen Zügen die Zeit der Ruhe und der Zeitlosigkeit. Ganze fünf Tage nur für mich. Ich kann dir das sehr empfehlen. Für mich absolute Erholung. Wichtig dabei ist natürlich, dass du in dieser Zeit Dinge machst, die DIR und DEINER SEELE guttun. Und vor allem, dass du zwischendurch mal nichts tust. Einfach entspannen, relaxen, faulenzen, chillen … nenne es, wie du es willst. Hauptsache du machst auch mal nichts und geniest nur DEIN SEIN. Und damit du mich richtig verstehst, diese Aussage: „Nimm DIR Zeit nur für DICH“ sollst du nicht nur ein oder zweimal im Jahr machen. Wichtig ist vor allem, dass du diese Zeit nur für DICH, selbst wenn es nur zwei Stunden pro Woche sind, mit Regelmäßigkeit in deinen Alltag integrierst.

## Zuerst das Vergnügen, dann die Arbeit

Bestimmt hast du früher auch immer wieder solche Sprichwörter gehört wie: „Zuerst die Arbeit, dann das Vergnügen.“ Wenn dieser alte Satz noch immer in dir ist, musst du ihn ganz schnell streichen. Stattdessen sagst du dir jetzt, so wie ich: „Zuerst das Vergnügen, dann die Arbeit.“ Und mit Vergnügen meine ich jetzt nicht, dass du erst mal zwei Stunden in die Stadt zum Bummeln oder drei Stunden in die Sauna gehst. Nein, ich meine damit, dass du dir vor deiner Arbeit die ansteht, schon mal einen kleinen Moment Zeit nimmst für DICH, den wichtigsten Menschen in deinem Leben. Indem du dir regelmäßig Zeit für DICH nimmst, wirst du zufriedener, gelassener und sogar energiereicher. Das spüre ich an mir selbst. Denn sind wir mal ehrlich, wenn wir uns nicht gleich Zeit für uns nehmen, wird es oft sowieso nichts mehr. Eine Tätigkeit jagt die andere und am Ende des Tages, sind wir erschöpft und unzufrieden, weil wir wieder mal nichts für uns gemacht haben. Habe ich recht? Wie kann also so ein „Zeit für sich nehmen" aussehen? Du kannst z. B. gleich morgens eine kleine Meditation oder ein paar Yoga Übungen machen. Vielleicht tut es dir auch gut, gleich ein paar Seiten in einem schönen, positiven Buch zu lesen. Oder du machst einen kleinen Spaziergang, stellst dich ein paar Minuten in die Sonne, visualisierst deinen Tag und sagst dann so wundervolle Sätze wie: „Ich gehe heute mit ganz viel Licht und Liebe durch den Tag und bin bereit für die wundervollen Geschenke des Lebens." Bei solchen kraftvollen Worten kann der Tag nur gut werden. Und du wirst sehen, dass du, durch diese Zeit für dich, deine Arbeit hinterher viel leichter erledigen kannst. Ich sage dir, aus meiner eigenen Erfahrung heraus, dass es viel mehr Wert ist, etwas früher aufzustehen, um dadurch Zeit für sich zu haben, als länger im Bett zu liegen. Denn ich stehe jeden Morgen ca. eine Stunde früher auf, als ich eigentlich müsste, weil diese Zeit, nur für mich, soooooo wertvoll für mich geworden ist. In dieser Stunde schlafen die Kinder noch und ich kann mich nur auf mich und mein Morgenritual konzentrieren. Sei dir bewusst, dass die Energie, die du dir schon morgens schöpfst, dich den ganzen Tag begleitet. Du strahlst diese Energie aus und genau diese positive Energie kommt den ganzen Tag wieder zu dir zurück. Manchmal kommen dir vielleicht schon morgens die besten Ideen, wie du eine bevorstehende Arbeit am besten und schnellsten erledigen kannst. Dies ist vor allem beim Meditieren oder bei einem kleinen Spaziergang der Fall. Unser Geist beruhigt sich und wir sehen vieles klarer, als wenn wir aus der Hektik und Unruhe heraus, an unsere Arbeit gehen. Probiere es doch einfach mal aus und schaue, wie du dich fühlst, wenn du dir vor der anstehenden Arbeit, Zeit für dich selbst nimmst. Und es ist völlig egal, ob du zur Arbeit gehst oder ob du zu Hause, Hausfrau und Mutter bist. Arbeit ist Arbeit und Vergnügen ist Vergnügen.

## Ein kleiner stiller Moment

Es ist auch sehr wichtig, dass du dir im Laufe des Tages, immer wieder kurz oder besser etwas länger Zeit für dich nimmst. Denn so ein kleiner, stiller Moment, zwischen einem anstrengenden Arbeitstag, bringt dir wieder Energie und Zufriedenheit. Ich habe es mir z. B. zu meiner täglichen Gewohnheit gemacht, dass ich mir nach dem Mittagessen eine viertel bis halbe Stunde Zeit für mich nehme. Die Kinder genießen in dieser Zeit ihre Auszeit, bevor es mit den Hausaufgaben weitergeht. Ich lege mich in dieser Zeit gemütlich in die Sonne oder in meinen Massagestuhl und höre mir dabei eine kleine Meditation an. Das gibt mir wieder Kraft und Energie für den Rest des Tages und ich bin durch diese kleine Auszeit auch wieder relaxter und ausgeglichener. Also für mich ist diese Zeit, nur für mich, richtig wertvoll geworden und ich habe es mir fest vorgenommen, dass ich mir diese wertvolle Zeit ein Leben lang schenken werde. Denn diese Zeit, tut mir, meiner Seele und meinem Körper gut. Gib dir am Besten gleich so ein wertvolles Versprechen. Du weißt ja, ich spreche da aus Erfahrung, die ich dir sehr gerne weitergebe.

## Eine wichtige Auszeit

Am Wochenende darf diese „Zeit für mich" auch gerne etwas mehr sein. So ein bis zwei Stunden nur für sich sein, ist eine richtige Wohltat für Körper, Geist und Seele. Wenn du kleine Kinder hast, ist es sehr wichtig, dass du dir trotzdem diesen Freiraum schaffst und dein Partner natürlich genauso. So machen die Kinder oder das Kind einfach mal ein bis zwei Stunden was mit dem Papa und ein anderes Mal mit der Mama. Wenn das Kind noch sehr klein ist, ist eine Stunde vielleicht zu viel, doch selbst eine halbe Stunde nur für sich sein, tut richtig gut. Als unsere zwei Kinder noch klein waren, bin ich in dieser halben Stunde dann eine Runde spazieren gegangen, konnte super abschalten und wieder auftanken. Gerade, wenn du merkst, dass deine Nerven blank liegen, ist diese Auszeit wichtig und wertvoll. Vielleicht hast du in den Ferien die Möglichkeit, die Kinder ein paar Tage den Großeltern, Freunden oder Verwandten zu geben. Dann kannst du dir sogar mal mehrere Tage Zeit nur für dich nehmen. Das kann ich dir, wie bereits vorhin kurz erläutert, aus eigener Erfahrung sagen, dass das richtig guttut. Du kannst in dieser wertvollen Zeit wieder alle Kraftreserven auffüllen und fühlst dich quasi wie neugeboren. Und dabei musst du nicht einmal in ein Wellnesshotel oder einen Urlaubsort gehen. Du darfst es natürlich auch in deiner freien Zeit, doch zwingend notwendig ist es nicht. Ich persönlich bleibe in dieser kinderlosen Zeit auch gerne zu Hause und mache eine gute Mischung aus, in Ruhe etwas arbeiten und genießen. Vor allem nehme ich mir mal wieder Zeit für die Dinge, die im Alltag etwas zu kurz kommt. Wie z. B. einen schönen Ausflug mit meiner besten Freundin, sechs Stunden Saunieren, mir mal eine wohltuende Massage gönnen, einfach diese herrliche Zeitlosigkeit genießen und somit einen ganzen Tag nur das machen, was mir Freude bereitet. Ja, das macht richtig glücklich und zufrieden. Und auch wenn ihr ein Paar seid und noch keine Kinder habt, ist es sehr wichtig, dass jeder seinen Freiraum hat und sich Zeit für sich nimmt. Denn wir sind nicht nur ein Paar, sondern jeder einzelne für sich ein Individuum mit eigenen Ansprüchen und Bedürfnissen. Du siehst also, dass es völlig egal ist, in welcher Lebenssituation du dich gerade befindest, selbst wenn du Single bist, Zeit nur für DICH ist wichtig, wertvoll und glücksbringend. Und denke immer daran, wo ein Wille ist, ist auch ein Weg. Ich bin mir ganz sicher, dass du es schaffst, dir regelmäßig Zeit nur für DICH zu nehmen. Denn du weißt ja jetzt, wie wichtig und wohltuend diese Zeit nur mit DIR ist.

*Glück ist Liebe, nichts anderes.*

*Wer lieben kann, ist glücklich.*

*Hermann Hesse*

# Liebe, die größte Kraft der Welt

Weißt du eigentlich, dass Liebe die größte Macht auf der ganzen Welt ist? Also mir persönlich war das bis vor Kurzem noch nicht so stark bewusst. Bis ich durch das wundervolle Buch von Rhonda Byrnes: „Secret the Power" aufgeklärt worden bin. Das ist übrigens ein sehr empfehlenswertes und wertvolles Buch. Liebe ist also die größte Macht. Wenn wir aus der Liebe heraus handeln und uns voll der Liebe zuwenden, wird sich unser Leben sehr stark ins Positive wandeln. Das Leben wird Zustände und Ereignisse hervorbringen, die wir uns in unserem bisherigen Leben nie vorstellen konnten. Ich habe mit dir bereits in dem Kapitel zur Selbstliebe über diese bedeutende Kraft der Liebe gesprochen. Doch das war nur ein kleiner Ausschnitt von dieser wundervollen, allumfassenden Liebe. Zu diesem Thema gibt es noch viel mehr zu erzählen. Das Wichtigste ist, dass du erkennst, dass die Selbstliebe die Basis der gesamten Liebe in deinem ganzen Leben ist. Denn nur wenn du dich selbst liebst, kannst du auch anderen Menschen Liebe schenken. Und nur, wenn du diese Liebe aussendest, kann sie sich in deinem Leben zeigen und zu dir zurückkehren.

## Dankbarkeit

Eine weitere, sehr kraftvolle Form der Liebe ist die Dankbarkeit. Es wird immer mehr Liebe und Schönes in dein Leben kommen, wenn du Dankbarkeit praktizierst. Dankbarkeit ist also ein Multiplikator in unserem Leben. „Nicht die Glücklichen sind dankbar, es sind die Dankbaren, die glücklich sind." Das wundervolle Zitat von Francis Bacon bringt es wirklich auf den Punkt. Es ist so wahr und wichtig. Definitiv trägt Dankbarkeit zu deinem glücklichen Leben bei.

Du kannst wirklich für so vieles im Leben dankbar sein. Selbst, wenn für dich gerade die Tage eher grau erscheinen. Mit Dankbarkeit und Liebe wird wieder mehr Farbe und Freude in deinen Alltag kommen. Probier's einfach mal aus. Du kannst z. B. für deine Gesundheit, dein Leben, für die Sonne, für die Harmonie, die Liebe, deine lieben Freunde, dein Zuhause und vieles mehr dankbar sein. Du wirst sehen, dass es dir in vielen Bereichen in deinem Leben sehr gut geht, für die du auch wirklich von ganzem Herzen dankbar sein kannst. Denke bei deiner Dankbarkeit auch an die für dich ganz alltäglichen und normal gewordenen Dinge. Sei also auch dankbar für den elektrischen Strom, der dir so viel Komfort ermöglicht. Für das warme Wasser, mit dem du dich duschen kannst. Sei dankbar für die Straße, über die du täglich, sicher zur Arbeit kommst. Auch für dein warmes Bett, indem du jede Nacht schläfst, darfst du dankbar sein. Und sei dankbar dafür, dass du jeden Tag genügend zu essen und ein Dach über dem Kopf hast. Denke ab jetzt täglich, ganz bewusst, an die Dinge, für die du in deinem Leben dankbar sein kannst. Du wirst sehen, dass es ganz viele, wundervolle Dinge in deinem Leben gibt, für die du aus tiefem Herzen dankbar sein kannst. Mit Dankbarkeit hältst du einen weiteren, wichtigen Schlüssel, für ein erfülltes Leben, in deiner Hand. Und dadurch, dass du dich so dankbar fühlst, wird dein Leben auch immer erfüllter. Dankbarkeit ist kein Gefühl im herkömmlichen Sinne, sondern ein Zustand, der die eigene Freude und Zufriedenheit ausdrückt. Dankbarkeit macht uns einfach bewusst, wie gut es uns doch in unserem Leben geht.

Manchmal ist es einem nur nicht so bewusst, für was man alles dankbar sein kann, weil man viel zu oft mit seinen Gedanken im Negativen steckt und dadurch der Liebe und somit auch dem Positiven den Weg versperrt.

Mach dich frei von deinen negativen Gedanken und nimm ihnen die Macht über dich. Ja, ich weiß, das hört sich so einfach an! Und ich sage dir, es ist einfacher, als du denkst. Halte dich an der Liebe fest, denk an schöne Dinge, wundervolle Erlebnisse. Denke an die guten Eigenschaften deines Partners, deiner Kinder und von dir selbst. Denk an Frieden und Harmonie in deinem Leben. Denn wenn du deinen Geist mit positiven Dingen beschäftigst, dann kann sich auch nur Positives manifestieren. Wenn in deinem Geist positives ist, werden deine Gedanken und deine Gefühle positiv sein. Du wirst dich somit glücklich und wohlfühlen. (Auf Gedanken und Gefühle gehe ich in späteren Kapiteln noch genauer ein.) Ist doch toll! Du hast also dein Leben, wie du dich fühlst, und wie dein Leben verläuft wirklich selber in der Hand. Hast du also die Liebe im Vordergrund und handelst täglich mindestens 51 % aus der Liebe heraus, dann wird dein Leben auch sehr positiv verlaufen. Hast du jedoch ein Mangel an Liebe, dann wird es eher negativ verlaufen. In diesem Fall ist es ganz wichtig, wieder ganz viel Liebe in sich hineinzulassen. Die göttliche Liebe in seinem Herzen, die jeder Mensch besitzt, zum Ausdruck zu bringen und aus dieser bedingungslosen Liebe heraus, auch zu handeln. Denn das, was du säst, das wirst du auch ernten. Also Pflanze ganz viel Liebe in dein Leben ein.

Wie du ganz viel Liebe und Freude in dein Leben bringst, das erzähle ich dir jetzt.

## Grinse-Rituale

Die einfachste Art gute Gefühle zu erzeugen ist, 60 Sekunden am Stück zu grinsen. Unserem Gehirn ist es egal, ob das Lachen echt oder nur gespielt ist. Wenn die Mundwinkel, für mindestens 60 Sekunden, nach oben gehen, wird an das Gehirn gemeldet: „Dieser Mensch ist gut gelaunt." Und schon hat diese Person gute Gefühle produziert und fühlt sich gut. Je häufiger du das machst, umso glücklicher fühlst du dich. Probiere es doch einfach gleich mal aus. Na los, grinse jetzt sofort für mindestens 60 Sekunden. Ja, so ist es gut. Merkst du schon, wie sich die Liebe in dir zeigt? Mach es gleich noch mal. Richtig breit grinsen. Wundervoll dieses Gefühl. Und, weil es so schön ist, gleich ein drittes Mal. Du bist großartig. Am besten führst du sogenannte „Grinse-Rituale" ein. Du kannst z. B. während jedem Toilettengang grinsen, beim Kochen, während dem Anziehen, beim Staubsaugen, beim Spülen … Dir fallen bestimmt viele schöne Gelegenheiten ein, wo du grinsen kannst. Ganz klasse ist auch, wenn du dich direkt nach dem Aufstehen eine Minute vor dem Spiegel angrinst. Da kommen richtig tolle Gefühle auf. Denn durch das Sehen des eigenen, lachenden Gesichts, wird dieses schöne Gefühl noch um vielfaches verstärkt. Natürlich darfst du dich auch öfters am Tag im Spiegel angrinsen. Anfangs fühlst du dich dabei vielleicht noch ein wenig komisch, doch schon bald wirst du dich bei dem Anblick, von deinem freundlichen Spiegelbild richtig wohlfühlen. Ich bin mir ganz sicher, dass du dieses wertvolle Grinsen ganz leicht in deinen Alltag einbauen kannst. Du wirst schon nach wenigen Grinsen merken, wie gut dir das tut und wie du durch diese simple Übung mehr Freude, Leichtigkeit und Liebe in dein Leben bekommst.

## Positiver Gefühlszustand

Eine weitere Übung für mehr Freude ist, dich selber in einen positiven Gefühlszustand zu bringen. Das geht ganz einfach. Du denkst z. B. an eine Person, die du sehr magst oder liebst. Stell dir vor, dass ihr gerade zusammen etwas Schönes macht, z. B. einen Ausflug an einem herrlichen Sonnentag, eine Reise oder ein Wellnesswochenende. Du hast mit deinem besten Freund Spaß und kullerst vor Lachen mit einer superguten Freundin. Lass deiner Fantasie freien Lauf und denke einfach an was Schönes, was dein Herz zum Jubeln bringt und das Gefühl von Liebe in dir breit macht. Denk also wirklich an eine Situation, in der du dich so richtig glücklich gefühlt hast. Ich bin mir ganz sicher, dass du solche Situationen kennst. Spüre dieses Gefühl tief in dir drin und mach dann dieses Gefühl, wie an einem Lautstärkeregler am Radio stärker. Drehe ruhig noch ein wenig auf. Ja, so ist es richtig. Ein Lächeln zeigt sich auf deinen Lippen und du wirst dieses wunderschöne Gefühl, diese wundervolle, allumfassende Liebe in deinem Herzen spüren. Du hast also diese Liebe und Freude in dir. Und du darfst sie dir durch deine Bewusstmachung wieder neu zum Leben erwecken. Und wenn die Liebe erwacht, sind wirklich Wunder möglich. Mach dieses „Liebe fühlen" am besten mehrmals täglich und du wirst dein persönliches Wunder erleben. Dein Leben wird durch diese Liebe in dir und um dich herum einfach magisch sein.

*Glück ist kein Geschenk der Götter, sondern die Frucht innerer Einstellung.*

Erich Fromm

# Halte deinen Fokus auf Glückskurs

Dein jetziges Leben ist das Resultat deiner vergangenen Gedanken. Wenn du dir also ein glückliches Leben wünschst, ist es wichtig, dass du jetzt andere Gedanken denkst, die dann auch dazu führen, dass du glücklicher bist. Worauf du deine Aufmerksamkeit richtest, das wird in dein Leben kommen. Sie also zu, dass deine Gedanken dort sind, wo auch du sein möchtest. (Mehr zu Gedanken im nächsten Kapitel) Wichtig hierbei ist, dass du den Fokus auf dem richtigen Kurs hältst. Es ist also wichtig, dass du dich auf die Fülle, die Freude, das Glück und die Liebe konzentrierst. Und vor allem, dass du dieses wundervolle Gefühl der Freude, der Fülle und des Glücklichsein in deinem ganzen Körper spürst. Dazu gehört schon mal als Erstes, dass du den Tag positiv beginnst. Du erinnerst dich sicherlich, dass ich dir erzählt habe, dass ich eine Stunde früher aufstehe, als ich eigentlich müsste. Das mache ich, weil mein Morgenritual so wertvoll für mich und mein Leben ist. Die erste Stunde des Tages ist die bedeutendste Zeit, weil du diese Energie und somit auch das verbundene Gefühl damit, in den ganzen Tag mitnimmst.

Kommen wir nun zu dir und zur ersten Stunde deines Tages.

## Die erste Stunde ist die wertvollste

1. Wie sieht deine erste Stunde aus?

2. Freust du dich aufs Aufstehen?

3. Begrüßt du jeden einzelnen Tag mit einem freudigen Lächeln?

4. Bist du dir überhaupt bewusst, dass es ein großartiges Geschenk ist, das du diesen Tag erleben darfst?

Was? Dir ist dieses Geschenk nicht bewusst? Na, dann wird es höchste Zeit, dass du dich jetzt jeden Tag daran erinnerst, was für ein großartiges Geschenk du jeden Morgen bekommst. Nämlich dein Leben selbst. Mach also was aus dieser wundervollen ersten Stunde. Lass dir was einfallen. Und komm mir jetzt bloß nicht mit dem Gedanken, ich habe doch morgens noch gar keine Zeit für so ein Vergnügen. Doch, die hast du. Stehe einfach eine Stunde früher auf, als sonst und schon ist die Zeit da. Und ich sage dir aus eigener Erfahrung heraus, dass es sich richtig lohnt. Deine Stimmung hebt sich, du bist motiviert und hast Energie für den ganzen Tag. Vor allem hast du dir schon mal „Zeit nur für dich" genommen. Das macht zufrieden und ausgeglichen. Und auch hierbei rede ich nicht nur von Theorie. Denn mein lieber Mann und ich machen so ein Morgenritual schon über drei Jahre. Und wir sagen beide, dass es richtig wertvoll, für uns selber, für unsere Ehe und unser Familienleben ist. Wir sind beide zu 100 % davon überzeugt, dass es sehr viel bringt, wenn man eine Stunde früher aufsteht. Gestalte dir also dein persönliches Morgenritual. Was tut dir körperlich, geistig und seelisch gut? Nicht jeder Mensch ist gleich! Der eine geht lieber gleich joggen, der andere meditiert lieber. Höre also mal in dich hinein, was dir jeden Morgen guttun würde. Als kleine Inspiration erzähle ich dir von unserem wundervollen Morgenritual. Mein Wecker klingelt um 5:40 Uhr, ich liege noch ganz ruhig im Bett und mache in Gedanken Dankbarkeit, dabei bin ich dankbar, für die Gesundheit von meinen zwei wundervollen Kindern, meinem Mann und mir selbst. Ich danke für diese erholsame Nacht und ich grüße und segne diesen wundervollen Tag. Danach stehe ich auf und mein Mann und ich wünschen uns mit einer liebevollen Umarmung einen wunderschönen Tag mit ganz viel Liebe, Freude Gesundheit, Leichtigkeit, Harmonie und schöner Kommunikation. Dann beginnt unser individuelles kleines Fitnessprogramm. Bestehend aus hüpfen, sich angrinsen, Küsse zu hauchen, Liegestützen, Yogaübungen, Bauch und Rückenstärkung. Und so frühstücken wir schließlich um 7 Uhr glücklich und ausgeglichen mit unseren zwei wundervollen Kindern. Ach ja. Unsere Kinder genießen es auch sehr, dass sie nach dem Aufstehen erst mal Zeit für sich alleine haben. Somit haben also alle was von diesem Morgenritual. Und gleichzeitig bringen wir unseren Kindern schon eine ganz wichtige Sache für ihr eigenes Leben bei. Nämlich Zeit für sich selbst zu nehmen, denn das ist wichtig und wertvoll.

## Gedankenkarussell

Den Fokus auf positiven Kurs zu halten, ist vor allem dann sehr wichtig, wenn dein Gedankenkarussell einsetzt und du anfängst in eine Negativspirale rein zu rutschen. Wir Menschen neigen dazu, Dinge in unserem Geist viel größer zu machen, als sie in Wirklichkeit sind. Wenn du dich also gerade mal in so einer Negativspirale befindest, ist es ganz wichtig, dass du dich auf etwas

Schönes konzentrierst und somit deinen Geist wieder beruhigst. Mach etwas, dass dir Spaß und Freude bereitet und bringe dich, durch diese wundervollen Gefühle, in eine Positivspirale. Denke an all das Wunderschöne, das bisher in deinem Leben geschehen ist. Fange an zu träumen und male dir z. B. schon heute aus, wie wunderschön dein Sommerurlaub auf Sardinien, mit dem wunderschönen türkisfarbenen Meer sein wird. Aale dich in dieser wundervollen Urlaubsstimmung. Durch solche kleinen Tagträume lenken wir uns von unseren Sorgen sowie negativen Gefühlen ab und fühlen uns dadurch wieder besser. Genauso sinnvoll ist es, wenn wir uns auf unsere Stärken konzentrieren und auf das, was uns gelingt.

Damit du gleich deinen Geist mit etwas Positivem beschäftigst, machst du dir jetzt sofort Gedanken darüber, was DU alles kannst. Hol dir bitte Stift und Papier und schreibe dir nun zehn Stärken auf.

## Deine zehn persönlichen Stärken

1. Was kannst du gut?

2. Was hast du schon alles erreicht?

Hast du es gemacht? Dann hänge diesen Zettel, mit deinen zehn Stärken, am besten an deinen Spiegel im Badezimmer. Dadurch wirst du täglich an deine Stärken erinnert und fühlst dich automatisch gut und stark. Wenn du diese Wirkung noch verstärken möchtest, kannst du dir diese Sätze laut vorlesen und ein breites Lächeln und ein Daumen nach oben schenken. Das fühlt sich richtig gut an! Probiere es doch gleich mal aus.

## 1095 Freuden im Jahr

Halte deinen Fokus am besten den ganzen Tag auf Glückskurs. Erinnere dich abends an mindestens drei schöne Dinge von diesem Tag. Wer oder was hat dir heute Freude bereitet? Wenn du diese drei „Freuden" jeden Tag in ein schönes Buch schreibst, hast du nach einem Jahr 1095 Freuden gesammelt. Durch das Aufschreiben kannst du dir diese schönen und tollen Erlebnisse jederzeit noch mal durchlesen und beim Lesen sofort wieder in diese Freude und positiven Gefühle eintauchen. Das Lesen dieser gesammelten Erlebnisse ist gerade dann eine sehr gute Vorgehensweise, wenn du mal einen Durchhänger hast und deine Emotionen und deine Laune auf Tauchstation gegangen sind. Nach dem Lesen in deinem Freudenbuch, ein paar Seiten genügen schon, sind deine Emotionen wieder positiv und du fühlst dich prima. Probiere es aus, es wirkt!

## Voller Fokus, den ganzen Tag

Es ist enorm wichtig, dass du deinen positiven Kurs den ganzen Tag aufrechterhältst. Vor dem Zubettgehen kannst du z. B. noch ein schönes Buch lesen oder dir ein schönes Hörbuch anhören. Oder du machst noch eine kleine Meditation. Hauptsache du fühlst dich gut dabei. Denn mit der Energie, mit der wir einschlafen, wachen wir morgens auch wieder auf. Aus diesem Grund ist es also wirklich wichtig, dass du dich noch vor dem Schlafengehen mit etwas Schönem beschäftigst.

Worauf du deine Aufmerksamkeit, deine Energie richtest, das wird dir in deinem Leben begegnen. Es ist mir deshalb wirklich wichtig, dass du dieses Kapitel auch richtig verstanden hast und dass du dieses Wissen auch in dein Leben integrierst. Richte also jeden Tag deine Energie und Aufmerksamkeit auf das Positive. Vor allem, halte deinen Fokus von morgens bis abends auf Glückskurs. Ich sage dir aus meiner eigenen Lebenserfahrung, dein Leben wird sich komplett zum Positiven wandeln und du wirst deine ganz eigenen Wunder erleben.

Zusammenfassend können wir also sagen, dass ein positiver Fokus, sehr wichtig für unser Wohlbefinden und unser Glücklichsein ist. Bleib dran, halte deinen Fokus auf Glückskurs und genieße dein wundervolles Leben. Sei Du ganz bewusst DEINES Glückes Schmied und erschaffe dir mit deinem eigenen Tun und deinen eigenen Gedanken dein zutiefst, glückliches Leben.

*Unser Leben ist das Produkt*

*unserer Gedanken.*

*Marcus Aureliu*

101

# Mit deinen Gedanken formst du deine Welt

Ich habe vorher schon kurz angesprochen, wie kraftvoll unsere Gedanken sind. Wir haben selbst einen großen Einfluss auf unsere Gedanken. „Das Glück deines Lebens hängt von der Beschaffenheit deiner Gedanken ab", so die Aussage von Marc Aurel. Oder, wie eine buddhistische Weisheit es ausdrückt: „Wir sind, was wir denken." Alles, was wir sind, entsteht aus unseren Gedanken. Mit unseren Gedanken formen wir die Welt. Denn Gedanken sind Energie und Energie ist Macht. Es sind also deine eigenen Gedanken, die dich so machtvoll machen. Demnach entscheidet, dein innerer Dialog, ob du dich glücklich oder unglücklich fühlst.

## Deine täglichen Gedanken

1. Ist deren Anteil eher positiv oder eher negativ?

2. Kannst du vielleicht einen Zusammenhang zwischen deinen Gedanken und wahrscheinlich auch Worten zu deinem Leben, wie es gerade läuft, erkennen?

Lies diese zwei Fragen bitte nochmals ganz bewusst und überlege dir, um was sich deine Gedanken tagtäglich drehen.

Ich bin mir ganz sicher, dass du einen Zusammenhang erkennen kannst. Er war dir bisher vielleicht nur noch nicht bewusst!

Dein jetziges Leben ist das Ergebnis von deinen vergangenen Gedanken. Wenn du also einen anderen Zustand erreichen möchtest, ist es vor allen Dingen wichtig, dass du zuallererst dein Denken änderst. Wichtig ist, dass du jetzt und zu jeder Zeit dein Leben ändern kannst. Wie? Indem du deine Gedanken und Worte wieder ins Positive, ja sogar Liebevolle veränderst. Probiere es aus und Glaube an deine eigene Kraft und Macht. Wir sind alle Kinder Gottes, also göttliche, kraftvolle Wesen, die sich ein licht- und freudvolles Leben erschaffen können. Du hast ein schönes Leben einfach verdient. Ich finde, jeder Mensch hat ein Recht auf ein glückliches und erfülltes Leben. Und nur du allein kannst dir so ein schönes, glückliches Leben in Liebe und Freude schenken. Wach auf und nimm dein Leben selber in die Hand, jetzt sofort.

Es sind also wirklich deine ganz eigenen Gedanken, die dich glücklich oder auch unglücklich machen. Mach dir immer bewusst, wie kraftvoll deine eigenen Gedanken sind. Denn egal, was du denkst, sagst oder glaubst, Gott, das Universum, letztendlich der einzig unendliche Geist sagt zu allem JA. Du kannst dir das wirklich so wie bei der Geschichte mit Aladin und der Wunderlampe vorstellen. Du denkst oder sagst also etwas und der Geist antwortet: „Dein Wunsch soll in Erfüllung gehen." Er wird dein Gedanke oder deinen Wunsch also nicht hinterfragen oder vielleicht sogar noch mal nachfragen: „Hast du das wirklich so gemeint?" Nein, er sagt einfach: „JA, dein Gedanke, dein Wunsch soll wahr werden."

Verstehst du jetzt, wie wichtig es ist, sich selbst seine eigenen Gedanken bewusst zu machen?


## Müll im Kopf

Denke immer daran: „Deine Qualität von deinem Leben hängt von der Beschaffenheit deiner Gedanken ab." Wir Menschen haben Tausende Gedanken in unserem Kopf. Und jetzt stell dir deinen Kopf, in dem die vielen Gedanken drin sind, mal ganz bewusst als ein Gefäß vor. In dieses Gefäß ist die vergangenen Jahre viel negatives geflossen. Es sind deine eigenen, negativen Gedanken und Glaubenssätze, die sich darin sammeln, dich belasten und dir den Weg zur Freude versperren. Aus diesem Grund ist es jetzt enorm wichtig, dass du dieses Gefäß, also deinen Kopf mal völlig leerst und wieder neu mit positivem Input auffüllst. Ja, kippe dieses Gefäß in deiner Vorstellung vollkommen um und schmeiß alles raus, was dir nicht mehr dienlich ist und dir nicht guttut. Großartig, so ist es gut. Spürst du schon die Wohltat und diese große Erleichterung?

Ja, du darfst dich und sollst dich ganz bewusst von diesem ganzen Müll in deinem Kopf befreien. Denn das ist richtig wichtig für dein Glücklichsein. Und wenn du all dieses negative und belastende rausgeschmissen hast, dann füllst du nach und nach dein Gefäß, also deinen Kopf, nur noch mit positiven, stärkenden und schönen Dingen.

## Gedankenhygiene

Der erste Schritt dazu ist, betreibe tägliche Gedankenhygiene. Ja, du hast richtig gelesen, es heißt wirklich Gedankenhygiene. Also wie es das Wort schon ausdrückt, eine tägliche Tätigkeit. Genauso, wie du dir täglich die Zähne sauber putzt, genauso sollst du täglich deine ganz persönliche Gedankenhygiene betreiben.

Denn mit deinen Gedanken erzeugst du deine Gefühle und deine Gefühle erzeugen Handlungen und deine Handlungen beeinflussen dein Leben. Du siehst also schon die Kraft, die in deinen eigenen Gedanken steckt. Daher ist es auch so wichtig, dir einmal bewusst zu machen, was du den ganzen Tag so denkst. Beobachte deine Gedanken und wie du dich dabei fühlst. Anfangs beginnst du mit dreimal täglich und steigerst dich dann auf stündlich. Hierzu kannst du auch gerne deine Timer-Funktion am Smartphone nutzen. Kontrolliere z. B. deine Gedanken während dem Zähneputzen, unter der Dusche, bei der Fahrt zu Arbeit, beim Warten an der Kasse, auf der Toilette, beim Staubsaugen und so weiter. Und ganz wichtig, übe dich im positiven Denken. Alles kann so oder so betrachtet werden. Ein Glas kann halb leer oder halb voll sein. Wie ist dein Glas? Wenn du positiv denkst, ist es halb voll!

Du solltest dir immer wieder bewusst machen, dass du dir mit deinen eigenen Gedanken deine Zukunft erschaffst. Und alleine dadurch, dass du nur ans Glücklichsein, Freude, Liebe, Gesundheit, Erfüllung und Wohlstand denkst, hast du bereits mehr davon in deinem Leben erschaffen. Es geht wirklich darum, dass deine Gedanken die gleiche Qualität und Energie haben müssen, wie dein gewünschtes Ziel. Das heißt, wenn du in Harmonie Leben möchtest, musst du auch harmonische Gedanken denken. Wenn du gesund sein möchtest, ist es wichtig, dass du Gedanken von Gesundheit und Heilung denkst. Und wenn du glücklich sein möchtest, ist es enorm wichtig, dass du Gedanken im Kopf hast, die dich glücklich machen. Denn wer hauptsächlich friedvolle und liebevolle Gedanken im Kopf trägt, der ist auch glücklich. Und, wenn du glücklich bist, strahlst du dieses auch so aus und ziehst somit diese positive Energie auch an.

## Du erntest, was du säst

Immer wenn wir Menschen einen Gedanken denken, pflanzen wir diesen bestimmten Samen. Ich möchte dir hierzu als Vergleich ein Beispiel aus der Natur nennen. Wenn wir zum Beispiel einen Samen von einem Apfel, also ein Apfelkorn, säen, wächst dieses Korn zu einem Apfelbaum heran. Dieser Apfelbaum bringt wiederum reife, knackige Äpfel hervor. Und letztendlich liefern uns diese wundervollen Früchte dann auch wieder neue, unzählige Samenkörner, die neu eingepflanzt werden können. Und schließlich bringen auch diese Samenkörner wieder reichen Ertrag mit sich.

Mit deinen Gedanken verhält es sich genauso wie bei dem Samenkorn. Jeder Gedanke, den du säst, wird eine ganz eigene Frucht hervorbringen. Jeder Gedanke hat seine ganz eigene Energie und seine ganz eigene Schwingung. Somit hat also auch jeder Gedanke seine ganz eigene Wirkung. Es sind also wirklich deine ganz eigenen Gedanken, die diese Energie, diese Schwingung in Bewegung setzen. Denke immer daran, du erntest, was du säst. Achte somit darauf, dass die Energie deiner Samen positiv ist. Denn wenn du deine Gedanken zum Positiven gewandelt hast, dann wird sich auch dein komplettes Leben ins Positive verwandeln. Das ist auch der wesentliche Grund, warum Gedankenhygiene, also ein reiner Geist so sehr wichtig für dein glückliches Leben ist.

Der Geist ist letztendlich der eigentliche Gedanke und die Idee für unser Leben. Alles und ich meine wirklich ALLES ist letztendlich das Ergebnis unserer eigenen Gedanken. Ganz egal, ob geschäftlich oder privat. Deine Gedankenkraft ist immer auf ON geschaltet.

Mach dir bewusst, dass 95 % im Leben von deinem eigenen Mindset, also deiner Denkweise bestimmt werden. Es ist dein eigenes, schöpferisches Denken, das dich erfolgreich und glücklich macht. Leider nutzt der Durchschnittsmensch dieses schöpferische Denken nicht und ist deshalb auch oft unglücklich und unzufrieden. Trete DU heraus und übernimm mit deinen eigenen Gedanken zu 100 % die Verantwortung für dein eigenes Leben.

Alle Dinge stehen bereit, sobald dein Denken dafür bereit ist. Das einzig Wahre ist unser Geist, denn unser Geist schafft Materie. Und wenn deine Gedanken im Positiven überragen, dann wird sich auch dein Leben sehr ins Positive wandeln.

Die gute Nachricht ist, dass Optimismus trainiert werden kann. Hierzu haben Gehirnforscher herausgefunden, dass es im menschlichen Denkapparat für positives und negatives Denken jeweils unterschiedliche Bereiche gibt. Sie führten Versuche mit zwei Gruppen von Menschen durch, von denen sich die einen auf Erfreuliches und Positives konzentrierten, die andere Gruppe hingegen seine Aufmerksamkeit auf Negatives richtete. Das Ergebnis war faszinierend. Die Gehirnforscher stellten fest, dass sich die entsprechenden Bereiche verkleinerten bzw. vergrößerten. Machst du dir also vorwiegend positive Gedanken, dann wächst in deinem Gehirn der Bereich für positives Denken. Während der weniger beanspruchte Bereich für negatives Denken schrumpft. Diese großartige Entdeckung ist für mich wirklich schon Grund genug, sich im positiven Denken zu trainieren und täglich Gedankenhygiene zu betreiben.

Außerdem ist es auch sehr wichtig, was du über dich selbst denkst und wie du mit dir selbst redest. Denn du brauchst dich nicht wundern, dass es dir schlecht geht, wenn du ständig mit dir einen negativen Dialog führst und dich mit deinen eigenen Worten und Gedanken fertigmachst. Wenn du selbst oft zu dir, „du bist ja ein Depp" oder „du, bist wirklich zu blöd" sagst, zieht dich das auf Dauer richtig runter. Solch eine negative innere Kommunikation führt definitiv nicht zum Glücklichsein. Es ist also wirklich wichtig, dass du für deine inneren Gespräche mit dir selbst, eine liebevolle, wertschätzende Kommunikation einhältst. Rede am besten mit dir selbst, wie mit einem lieben Freund oder einer lieben Freundin. Sei zu dir selbst auch so liebevoll und geduldig. Schenke dir selbst auch diese Wertschätzung, die du vielen anderen Menschen ebenfalls schenkst. Sei stolz auf DICH, klopfe DIR selbst immer wieder auf die Schultern und nimm DICH liebevoll in den Arm. Solche Gesten tun DIR und DEINER SEELE gut und machen DICH auch wirklich glücklich. Probiere es gleich aus.

# Wertschätzende Worte an DICH und DEINE SEELE

1. Klopfe dir selbst einmal auf die Schulter und sage: Ich bin stolz auf dich Sonja (dein Name).

2. Du meisterst dein Leben gut Sonja (dein Name).

3. Du darfst auch Fehler machen Sonja (dein Name).

4. Du bist gut, so wie du bist, liebe Sonja (dein Name).

5. Nimm dich selbst liebevoll in den Arm und sage: Ich liebe und schätze dich Sonja (dein Name).

Sprich diese fünf Sätze so oft wie möglich. Übe dich täglich in solch einer positiven und wertschätzenden Kommunikation dir selbst gegenüber, denn es trägt sehr zu deinem Glücklichsein bei.

Es sind deine eigenen Gedanken, die dein Leben so sehr verändern können. Denn das, was du über die Welt oder dein Leben denkst, wird sich dir im Außen auch so zeigen. Deshalb denke immer daran, das Leben ist das, was du darüber denkst. Das Leben ist also einfach, wenn du es dir einfach machst und wenn du denkst, dass es einfach ist. Und wenn du in Fülle Leben möchtest, ist es wichtig, dass du in Fülle denkst. Wenn du glücklich sein möchtest, musst du auch solche Gedanken denken, die dich glücklich machen. Wenn du gesund sein willst, ist es enorm wichtig, dass du Gedanken über Gesundheit und Heilung denkst. Und so weiter und so weiter. Ich denke, du verstehst, wie ich es meine. Alles und wirklich alles, was wir uns in unserem Leben wünschen, muss zuerst von uns selbst in unseren eigenen Gedanken erschaffen werden. Maßgebend bei der gedanklichen Manifestation ist auch die Dauer eines bestimmten Gedankens. Wenn du also etwas ganz bestimmtes in deinem Leben manifestieren möchtest, dann ist es von großer Bedeutung, dass du regelmäßig mindestens eine Minute an deinen Wunsch denkst. Am besten noch mit allen positiven beteiligten Gefühlen und deiner ganzen Vorstellungskraft. Doch zu deiner Vorstellungskraft kommen wir gleich im nächsten Kapitel.

Die Kraft unserer Gedanken ist letztendlich ein Geschenk Gottes. Denn dieses schöpferische Denken ist der Schlüssel für unser Glücklichsein.

Für unser eigenes Vorankommen und Wachstum ist es enorm wichtig, dass wir unseren Geist ständig offen halten. Nähre deinen Geist mit großen, positiven Gedanken und dein Leben wird großartig und schön sein.

Mobilisiere deine geistigen Kräfte und werde durch deine eigenen Gedanken zu dem glücklichen Menschen, der du sein willst.

*Fantasie ist nicht Ausflucht. Denn sich etwas vorstellen, heißt, eine Welt bauen, eine Welt erschaffen.*

*Eugene Ionesco*

# Deine Vorstellungskraft

Okay. Das mit den Gedanken und wie wichtig tägliche Gedankenhygiene ist, hast du jetzt verstanden. Gehen wir noch eine Stufe weiter. Kommen wir also jetzt zu deiner Vorstellungskraft, denn deine Vorstellungskraft ist dein ganz persönlicher Zauberstab für dein glückliches und erfülltes Leben. Du weißt ja bereits, dass du dir mit deinen eigenen Gedanken und Gefühlen deine ganz persönliche Welt erschaffst. Mit deiner eigenen Vorstellungskraft kommt noch eine weitere große Kraft hinzu. Sie hilft dir, dass du deine Ziele schnell und präzise erreichst. Du hast diese ZIELERREICHUNGSTRATEGIE bestimmt schon Tausende Male angewendet. Du warst dir dessen nur nicht bewusst, dass du dir mit deiner eigenen Vorstellungskraft dein Leben erschaffen hast. Jetzt weißt du es und deshalb ist es wichtig, dass du deine Vorstellungskraft, deinen ganz persönlichen Zauberstab, gezielt und richtig einsetzt. Denn dann erreichst du auch die Ziele, die du in deinem Leben erreichen möchtest. Du baust dir also erst etwas in deinem Geist auf und dann in der Realität. Und wenn du dir etwas wirklich vorstellen kannst, dann existiert es auch schon in der Wirklichkeit und ist bereits auf dem Weg zu dir. Wichtig dabei ist, dass du es dir mit deinen Gefühlen und allen Sinnen vorstellst. Außerdem solltest du dir es so vorstellen, wie wenn du dieses Ziel bereits erreicht hast. Du stellst dir sozusagen dein gewünschtes Endprodukt vor. Also zuerst gewinnen, dann beginnen. Es ist dabei enorm wichtig, dass du auch an dein gewünschtes Endprodukt glauben kannst. Denn wie heißt es so schön in der Bibel: „Dein Glaube hat dir geholfen" und „dir geschehe nach deinem Glauben" sowie „der Glaube versetzt Berge". (Von der Kraft des Glaubens spreche ich in einem späteren Kapitel.) Verstärke also deine Vorstellungskraft durch die Kraft des Glaubens. „Denn ob du glaubst, es geht, oder es geht nicht, in beiden Fällen behältst du Recht." So die Aussage von Henry Ford. Und für deine Zielerreichungen ist es wirklich sehr wichtig, dass du daran glaubst.

Ich möchte dir zur Verdeutlichung der Vorstellungskraft ein paar einfache Beispiele aufzeigen.

## Erdbeerkuchen

Wenn du z. B. nach Feierabend einen leckeren, frischen Erdbeerkuchen essen möchtest, dann kannst du dir das in der Pause schon mit allen Sinnen so richtig vorstellen. Du siehst also diesen leckeren Kuchen mit den schönen roten Erdbeeren, du nimmst die Gabel in den Mund und schmeckst diese herrlichen süßen Erdbeeren, du merkst, wie es dir gut geht und wie dir das Wasser im Munde zusammen läuft.

## Sommerurlaub

Du stellst dir schon jetzt, mit allen Sinnen, deinen Sommerurlaub am Meer vor. Spürst du den Sand unter deinen nackten Füßen? Spürst du, wie das Wasser deine Zehenspitzen erreicht? Spürst du die Wärme, der herrlichen Sonne? Hörst du die Wellen, vom wunderschönen, erfrischenden Meer? Siehst du dieses herrliche, türkisfarbene Meer? Na, da macht sich doch ein breites Grinsen auf deinem Gesicht bemerkbar.

## Kinderwunsch

Speziell für Frauen mit Kinderwunsch. Stell dir bildhaft und Mitgefühl vor, wie dein Bauch sich wölbt und immer größer und größer wird und stell dir vor wie, schön es ist, wenn du die ersten Bewegungen in deinem Mutterleib von deinem Kind spürst. Stell dir vor, wie du dein Kind in deinen Armen hältst, wie die Freude in dir ist und du richtig glücklich bist ja, sogar so glücklich, wie wenn du die ganze Welt umarmen möchtest. Ja, das fühlt sich echt wunderbar an.

Ich glaube, diese Beispiele haben dir jetzt schon deutlich gemacht, was ich mit deiner Vorstellungskraft meine. Ganz wichtig ist also, nicht nur in Gedanken daran zu denken, sondern mit allen Sinnen und mit Gefühl. Und ganz wichtig ist, dein gewünschtes Endprodukt vor deinem inneren Auge sehen. Auch von diesem wundervollen Zauberstab, meiner Vorstellungskraft kann ich dir aus eigener Erfahrung sagen, dass es funktioniert. Denn mein Leben ist jetzt genauso, wie ich es mir vor circa fünf Jahren vorgestellt habe. Denke also immer daran, jedes Ergebnis, das DU dir vorstellen kannst, wirst du auch erreichen.

## Persönliches Visionboard

Wenn du deine Vorstellungskraft noch verstärken möchtest, kannst du dir dein gewünschtes Endprodukt auf ein schönes großes Blatt malen, die passenden Bilder aus Zeitschriften ausschneiden oder die gewünschten Bilder im Internet suchen und mit dem Computer ausdrucken. Lass deiner Fantasie freien Lauf und mache dir dein persönliches Visionsbord. Wichtig ist, dass deine Ziele (privat, geschäftlich, Auto, Geld, Liebe und alles was dir wichtig ist) darauf sind und dir und nur dir allein dein Visionboard gefällt. Am besten hängst du es an einen Platz, wo du dich ganz oft aufhältst oder du oft daran vorbeiläufst. Wenn du deine Ziele immer wieder vor Augen siehst, wird die visuelle Kraft gestärkt und dir selbst fällt es leichter, an die Zielerreichung zu glauben, da du es schon oft mit deinen eigenen Augen gesehen hast.

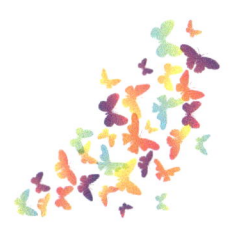

Es gibt keine Grenzen. Weder für Gedanken noch für Gefühle. Es ist die Angst, die immer Grenzen setzt.

Ingmar Bergmann

# Gefühle als Navigator

Gefühle Steuern unser Leben. Gefühle und Emotionen sind also wie ein Navigationsgerät in unserem Leben. Sie zeigen uns an, wie wir uns in einer Situation fühlen, also ob wir uns gut oder schlecht fühlen. Ist diese Situation gerade positiv, fühlen wir uns gut. Wir haben also solche wundervollen Gefühle wie Freude, Liebe, Spaß, Dankbarkeit. Ja, solche Gefühle Lieben wir Menschen und würden uns am liebsten den ganzen Tag in solch wundervollen Gefühlen baden. Das stimmt doch, oder? Wenn die Situation jedoch negativ und nicht gut für uns ist, fühlen wir uns schlecht und unwohl. Wir haben solche negativen Gefühle wie Trauer, Wut, Zorn, Enge. Solche Gefühle will jeder Mensch vermeiden. Und wenn wir sie doch mal haben, dann möchten wir so schnell wie möglich aus diesen negativen Gefühlen wieder heraus. Habe ich recht? Doch auch solche Gefühle gehören nun mal zum Leben dazu. Denn genau so wie es den Tag und die Nacht, also hell und dunkel gibt, genauso gibt es auch bei uns Menschen gut und schlecht. Also positive und negative Gefühle. Doch die gute Nachricht ist, dass wir Menschen ganz oft unsere Gefühle selber beeinflussen und steuern können.

## Deine Gefühle steuern

Da unsere Gedanken unsere Gefühle erzeugen, sind unsere Gedanken verantwortlich für unsere Gefühle. Du kannst also mit deinen eigenen Gedanken deine Gefühle erzeugen. Das ist doch wirklich wunderbar. Wenn du also wieder mal in einem negativen Gefühl steckst, ist es ganz wichtig, dass du zuallererst deine Gedanken ins Positive bringst. Hört sich doch logisch an, oder? Am einfachsten geht das, wenn du dich an ein wunderschönes Ereignis in deinem Leben erinnerst. Du kannst z. B. in Gedanken in deinen letzten Urlaub zurückgehen und die schönen Momente, die du dort erlebt hast, vor deinem geistigen Auge vorbeiziehen lassen. Siehst du das wundervolle Meer, spürst du die wärmende Sonne und den Sand unter deinen Füßen? Ja, da kommen doch wirklich schöne Gefühle auf. Eine weitere Idee ist, dass du dir selber was Gutes tust. Zum Beispiel einen leckeren Cappuccino und ein Stück Kuchen beim Bäcker holen. Oder was sich auf jeden Fall auch sehr positiv auf deine Stimmung auswirkt, einen schönen lustigen Film anzuschauen. Bestimmt fallen dir selbst auch noch viele Ideen ein, wie du dich und dein Herz zum Lachen bringst. Mach einfach alles, was DIR Freude macht. Und auf einmal sind deine negativen Gefühle verschwunden.

Du hast somit ganz alleine, also mit deinen positiven Gedanken und deinem positiven Tun, einfach deine negativen Gefühle weggezaubert. Echt toll, du bist also wirklich Schöpfer über deine Gefühle.

## YES-YES-Übung

Eine weitere sehr gute, wirklich einfache und sogar lustige Übung für positive Gefühle ist, die Yes-Yes-Übung. Hierzu stellst du dich am besten hin, streckst deine Arme weit nach oben, schließt deine Hände zu einer Faust und dann ziehst du, während du Yes sagst, deine Hände mit einem kräftigen Zug nach unten. Und das ganze machst du circa eine Minute lang oder gerne auch länger also immer, Yes, Yes, Yes, Yes, Yes, ... und kräftig dabei nach unten ziehen. Achtung, bei dieser Übung sind wirklich gute Gefühle vorprogrammiert. Mir hat diese positive Übung schon mal auf einem Familientreffen sozusagen das Leben gerettet. Als mich ganz plötzlich irgendwelche nicht vorher zu ahnenden negativen Gefühle angesprungen haben und ich mich alles andere als wohlgefühlt habe. Vielleicht kennst du das auch. Du gehst ganz offen und fröhlich zu einem Treffen. Auf einmal kommt es zu heftigen Gesprächen oder Situationen, die dich ganz schnell auf der Gefühlsebene treffen. Deine Laune ist plötzlich ganz mies. In solch einem Fall, ist die beste Methode, sich so schnell es geht zurückzuziehen. Und das tat ich dann auch. Ich sagte einfach, ich brauche jetzt mal eine Runde frische Luft und weg war ich. Puh, war das schon mal befreiend. Dann lief ich ein paar Minuten und als ich etwas abseits war, machte ich diese wundervolle Yes-Yes-Übung. Ja, es tat richtig gut und ich fing an zu lachen. Ich lief noch ein paar Schritte und konnte dann gut gelaunt zu dem Familientreffen wieder zurückkehren. Denn ich wollte ja wieder Spaß bei diesem Treffen haben und mich nicht von irgendwelchen Triggern oder negativen Gefühlen herunterziehen lassen.

## Dimm-Schalter-Methode

Eine dritte wunderbare Möglichkeit, dich in eine gute Stimmung zu bringen, ist die Dimm-Schalter-Methode. Stell dir für deine Gefühlsregelung eine Art Lichtschalter mit Dimmer vor. Wenn du diesen Schalter nach links drehst, ist er OFF. In dieser Position befinden sich die negativen Gefühle. Wenn du solch düstere Gefühle wie, Angst, Hass oder Wut hast, ist es wichtig, dass du diesen Schalter auf ON drehst. Du drehst ihn nach rechts und deine Gefühle werden immer besser, schöner und heller. Die schönen Gefühle wie, Liebe, Freude, Glückseligkeit werden sich dir zeigen und du wirst dich von Minute zu Minute besser fühlen. Dazu fällt mir gerade das Lied ein. „Schalt mich eine und schalt mich aus, die Gefühle müssen raus …" Ja, ganz genau, so ist es. Die Gefühle müssen und wollen raus. Deshalb ist es ganz normal, dass sich auch mal negative Gefühle zeigen. Doch wenn du genug von diesen heftigen Gefühlen hast, schalte die negativen aus und die positiven Gefühle an. So einfach ist die Dimm-Schalter-Methode. Und drehe ruhig noch ein wenig weiter den Schalter auf ON. So weit, bis du dieses schöne Gefühl auch wirklich spüren kannst und sich ein breites Lächeln auf deinen Lippen zeigt. Probiere es einfach mal aus. Deine Stimmung kann bei einem Tief nur besser werden. Und somit kannst du mit dieser wundervollen Übung auch nur gewinnen. Viel Spaß.

Ganz wichtig ist es, seiner Intuition zu vertrauen und das zu machen, was dir gerade guttut und dir hilft, wieder in eine schöne Stimmung zu kommen. Du selbst weißt am besten, wie dir das gelingt. Hör jetzt in dich hinein und lege deinen Favoriten zum „Wieder-fröhlich-sein" fest. Dann kannst du in einer brenzligen Situation, wie z. B. bei einem Familientreffen, schnell darauf zurückgreifen.

Gut vorbereitet gehst du einfach leichter durch solch eine Prüfung. Habe ich recht? Denn diese negativen Gefühle sind wahrlich Prüfungen des Lebens. Also los, ran an die Vorarbeit für deine positiven Gefühle.

## Vorarbeit für deine positiven Gefühle

1. Was bringt dich jederzeit in eine gute Stimmung?

2. Mach jetzt gleich diese wundervolle YES-YES-Übung, damit du sie im Falle der Fälle parat hast!

3. Übe dich gleich heute in dieser wundervollen Dimm Schalter-Methode.

Du siehst also selbst, dass es ganz viele Möglichkeiten gibt, wie du von einer schlechten Stimmung, mit negativen Gefühlen, wie Wut, Zorn, Trauer in eine positive Stimmung, mit positiven Gefühlen, wie Freude Glückseligkeit, Spaß kommen kannst.

Doch auch wenn es dir nicht gelingt, aus deinem negativen Gefühl auszusteigen, ist es gut und richtig so. Wichtig ist nämlich auch, dass wir authentisch sind und unsere wahren Gefühle zum Ausdruck bringen. Denn jedes Gefühl hat seinen Platz und seine Berechtigung. Und jedes Gefühl will auch gelebt und wahrgenommen werden. Daher ist es sogar auch mal ganz wichtig, dass du dich deinen negativen Gefühlen hingibst und deine Trauer, dein Zorn, deine Wut zum Ausdruck bringt. Ja, lass die Tränen ruhig fliesen. Das ist sehr befreiend und heilend. Wenn du zu Hause bist, kannst du es zum Beispiel so wie ich machen und dich einfach eine Runde ins Bett verziehen. Oder du machst einen Spaziergang und suchst dir unterwegs ein ruhiges Plätzchen. Falls dich während der Arbeit solche negative Gefühle heimsuchen, kann auch schon der Rückzug auf das stille Örtchen, also die Toilette, sehr hilfreich sein.

Wenn du nun ganz mit dir allein bist, gib dich einmal ganz deinen Gefühlen hin. Öffne dich, atme und fühle in dich hinein. Sag dir die folgenden Worte: „Alles in mir darf jetzt da sein." Allein diese Worte sind schon sehr befreiend. Einfach mal sein, wie du bist. Kein funktionieren müssen. Kein stark sein. Nein, einfach nur „du selbst" sein.

Wichtig und sehr hilfreich ist es, wenn du deine negativen Gefühle dann umwandelst, also transformierst, damit Heilung geschehen kann. Zur Transformation gibt es verschiedene Wege, beispielsweise tolle Bücher und Kurse. Eine ganz einfache Art der Transformation ist das Einhüllen in verschiedene Farben. Es ist einfach und jederzeit anwendbar. Diese Art der Transformation, die ich selbst auch verwende, möchte ich dir gerne in vier kurzen Schritten erklären.

## Transformationsübung

1. Für diese Übung zur Transformation atmest du ein paar Mal tief ein und aus und fühlst in dich hinein. Dabei sagst du die Worte: „Alles in mir, darf jetzt da sein." Du lässt deinen Gefühlen freien Lauf. Ganz egal welches Gefühl sich gerade zeigt. Lass es fließen, fühle und gib dich einmal ganz bewusst diesem Gefühl (Trauer, Wut, Zorn, Schmerz…) hin.

2. Nachdem du dein Gefühl, deine Emotionen ganz bewusst wahrgenommen und gefühlt hast, wandelst du sie durch diese leichte Transformationsübung um und lässt dadurch Heilung geschehen. Du hüllst dich dazu in deiner Vorstellung in eine lila Wolke oder du stellst dir vor, dass du in einer Badewanne mit lila Wasser badest. Lass deiner Fantasie freien Lauf. Egal wie du dich einhüllst, Hauptsache es ist lila. Denn die Farbe lila steht für Transformation, also für Verwandlung sowie Vergebung und Hingabe. Bleibe so lange in dieser transformierenden Farbe, bis sich

dein Gefühl beruhigt hat und deine Emotionen neutral geworden sind.

3. Nachdem du dich jetzt also schon einiges besser fühlst, hüllst du dich in deiner Vorstellung in eine weiß-goldene Farbe. Diese Farbe symbolisiert das Christuslicht, das für Erleuchtung, Weisheit und geistiger Wachstum steht. Gerade bei dieser weiß- goldenen Farbe spürst du ganz deutlich, wie du ruhiger wirst und ein Gefühl von Wärme und Freude in dir erwacht. Bleibe in dieser Farbe so lange, bis du diese Wärme und Freude deutlich spüren kannst.

4. Als Abschluss kannst du ganz intuitiv für dich eine Farbe kommen lassen oder du nimmst deine Lieblingsfarbe, bei mir z. B. pink. Und auch in diese Farbe hüllst du dich in deiner Vorstellung wieder ein und spürst ganz deutlich, wie deine freudigen Emotionen noch stärker und stärker werden und du dich so richtig kraftvoll und gut fühlst. Genieße ganz in Ruhe und so lange wie du möchtest dieses wohlig warme Gefühl deiner ganz persönlichen Verwandlung. Wenn du dich dann so richtig gut fühlst, gehst du mit einem Danke aus dieser wertvollen Transformationsübung und lebst wieder frisch gestärkt deinen Alltag weiter.

Du wirst merken, wie sich mit dieser wundervollen Transformationsübung deine Gefühle nach und nach beruhigen. Dabei verwandeln sich deine ursprünglichen Gefühle in ein inneres Gefühl von Liebe, Harmonie, Frieden und Freude. Schließlich wird sich ein inneres und äußeres Lächeln bei dir einstellen. Wenn diese einzelnen Schritte am Anfang für dich noch nicht so leicht sind, sei dir gewiss, dass sich diese Transformationsübung auf jeden Fall positiv auf dein Leben auswirken wird. Je mehr negative Gefühle du umwandelst, umso leichter, fröhlicher und glücklicher wirst du dich fühlen. Das kann ich dir aus meiner eigenen Erfahrung heraus sagen. Im Nachhinein betrachtet, bin ich sogar manch einer Situation oder Person in meinem Leben dankbar. Denn sie waren es, die in mir so negative Gefühle ausgelöst haben, die bereits in mir waren und nur auf Erlösung gewartet haben, dass sie auch mal wahrgenommen werden. Ja, in der Zwischenzeit, nach jahrelanger Übung, bin ich oft sogar schon so weit, dass ich meinem negativen Gefühl und auch oft der auslösenden Person, Danke sagen kann. „Danke, dass du liebe Person X dieses negative Gefühl in mir ausgelöst hast. Danke, liebes negatives Gefühl, dass du dich gezeigt hast. Und danke, dass ich dadurch wieder ein bisschen mehr Heilung erfahren darf." Ich finde aus dieser Sicht heraus, ist doch so ein negatives Gefühl schon ein wenig leichter anzunehmen. Oder, was denkst du? Ich möchte dir Mut machen. Es lohnt sich auf jeden Fall, sich diesen negativen Gefühlen zu öffnen und auch das befreiende Geschenk dahinter zu sehen. Ja, ich weiß, dass dieses Geschenk nicht so leicht zu finden ist, doch sei dir gewiss, es ist auf jeden Fall da.

## Negative Gefühle haben ihren Platz

Sei authentisch, zeig deine wahren Gefühle und nimm jedes Gefühl, das sich dir zeigt, mit viel Liebe und Dankbarkeit an. Denn du weißt ja, jedes Gefühl, das sich dir zeigt, hat seine Berechtigung und möchte von dir wahrgenommen werden. Negative Gefühle haben genauso ihren Platz in unserem Leben, wie positive Gefühle. Auch diese negativen Gefühle möchten von uns gefühlt und wahrgenommen werden. Denn vor allem dieses Annehmen deiner negativen Gefühle, führt dich zu deiner ganz persönlichen Heilung und Erleichterung für dein Leben. Und letztendlich ist diese Heilung auch sehr wichtig für dein eigenes Glücklichsein. Das kann ich dir aus meinem eigenen Leben so berichten und bestätigen. Denn auch ich habe sehr lange, in meinem Leben, diese negativen Gefühle von mir weg gedrückt, weil sie mir einfach Angst machten und mir wehtaten. Doch dieses Wegdrücken machte diese negativen Gefühle nur noch schlimmer. Erst als ich auch diese negativen Gefühle, die ja zum Leben dazu gehören, angenommen habe, bin ich immer freier, zufriedener und glücklicher geworden. Denn wie heißt es im Buddhismus so schön: „Es wird immer Leid und Schmerz geben, doch wir brauchen nicht darunter zu leiden." Für mich hat sich diese Aussage so in meinem Leben bestätigt. Wir Menschen werden immer wieder im Laufe unseres Lebens mit negativen Gefühlen konfrontiert werden, doch wir brauchen nicht darunter zu leiden.

Mach dir also wirklich immer wieder bewusst, dass deine negativen Gefühle auch ihren ganz bestimmten Platz in deinem Leben haben. Und so wie Tag und Nacht zusammen gehören, so gehören auch unsere positiven und negativen Gefühle zusammen. Beide sind gut und wichtig und haben ihren ganz bestimmten Platz in unserem Leben. Durch dieses Annehmen all unserer Gefühle fängt unsere Lebensenergie wieder an zu fliesen und somit kann dann auch tiefe Heilung geschehen. Denn diese Heilung öffnet uns ganz neue Wege in unser zutiefst glückliches Leben.

Mach dir auf jeden Fall immer wieder bewusst, dass deine Lebensqualität von der Qualität deiner Gefühle abhängt. Deshalb jetzt die Frage an DICH.

## Deine täglichen Gefühle

1. Welche Gefühle hast du so den ganzen Tag?

2. Ist deren Anteil eher positiv oder negativ?

3. Schreib jetzt gleich zehn Emotionen auf, die du täglich am häufigsten spürst. Also zum Beispiel: Freude, Liebe, Zufriedenheit, Angst, Hass, Trauer ...

Wenn du glücklich sein willst, ist es wichtig, dass die positiven Gefühle überragen. Daher ist es wichtig, dass du deine Gefühle bewusst steuerst und du deine negativen Gefühle in den Griff bekommst. Vor allen Dingen ist es notwendig, dass du 100 % Verantwortung für deine eigenen Gefühle übernimmst. Sei DU immer und zu jeder Zeit deines ganz eigenen Glückes Schmied und übernimm die volle Verantwortung für deine eigenen Gefühle und dein eigenes Glücklichsein.

Der Preis des Erfolges ist
Hingabe, harte Arbeit und
unablässiger Einsatz für das,
was man erreichen will.

Frank Lloyd Wrigh

# Komm ins Tun

Erfolg buchstabiert man mit T U N, also tun. Ja, das aller Wichtigste ist, dass du ins Tun kommst. Alles beginnt mit einer Idee im Kopf und solange sie da noch ist, ist sie nur eine Idee, eine geistige Handlung. Doch wenn du anfängst, diese Idee und das, was du in deinem geistigen Auge siehst und vielleicht sogar schon in deinen Gefühlen fühlst, umsetzt, dann kann etwas Großes entstehen. Mach dir bewusst, dass alles zuerst ein Gedanke von jemandem war. Alles, was wir Menschen besitzen, war einmal eine Idee von einem Menschen. Wäre es nur eine Idee geblieben und wäre dieser Mensch nicht ins Tun gekommen, so würde es viele Dinge nicht geben. Denke zum Beispiel an das Auto, den Radio, den Fernseher, den Computer, Google, Amazon und vieles mehr. Das alles waren nur mal Ideen in einem Kopf eines Menschen. Und jetzt können wir durch das Tun eines Menschen dies alles nutzen. Das ist einfach großartig. Ja und auch ich persönlich kenne dieses Tun. Ich stand im November 2016 an so einem Punkt, wo ich einfach gemerkt habe, dass es wichtig ist, dass ich jetzt endlich ins Tun kommen darf. Du musst wissen, dass es schon lange ein Herzenswunsch von mir war, Menschen dabei zu helfen, dass sie glücklich sein können. Doch da ich Hausfrau und Mutter war, meine Tage schon ausgefüllt waren, dachte ich mir immer, dass jetzt noch nicht die Zeit für die Verwirklichung meines Herzenswunsches war. Vielleicht kommt meine Zeit, wenn die Kinder groß sind, dachte ich. Ich hatte mir mit diesen Gedanken einen eigenen, bremsenden Glaubenssatz auferlegt. Der so lautete: „Als Mama kann ich nicht meinen Herzenswunsch als Glücklichmacherin leben." So ein Quatsch. Zum Glück wurde durch ein sehr gutes Erfolgsseminar mein Feuer in mir so stark entfacht, dass ich mir gleich meinen eigenen Visionssatz aufschrieb. Der lautete so: „Ich bin eine Glücklichmacherin, die täglich ihr Leben in Liebe, Freude und Harmonie genießt und den Menschen täglich Freude und Liebe schenkt." Ich kam endlich ins Tun und schmiss meinen blöden, selbst auferlegten, lähmenden Glaubenssatz über Bord. Drei Wochen später entstand die Idee, einen WhatsApp Adventskalender zu machen. Natürlich setzte ich diese Idee um und was soll ich sagen, diese wundervolle Idee war so großartig und kam bei meinem WhatsApp Kontakten so gut an, das aus dem WhatsApp Adventskalender ein täglicher Motivationskalender fürs Jahr wurde. Und das Wunderschöne ist, dass dieser großartige Motivationskalender nun schon drei Jahre besteht und sogar ständig weiter wächst. Und ich dachte, ich kann noch nichts Positives bewirken. Doch ich weiß nun, von diesen vielen Menschen, die täglich meine positiven Tagesimpulse bekommen, dass es ihnen so guttut und sie ihnen viel Freude bereiten. Ja, ich bin wirklich sehr glücklich, dass ich Ende November 2016 endlich ins Tun gekommen bin. Und wie heißt es so schön, wenn dein warum stark genug ist, kommt das wie von ganz alleine. Und so war es dann auch bei mir. Ich traf die passenden Menschen, die mir bei meiner Verwirklichung meiner Herzensvision halfen. Ich erlernte die Fähigkeiten, die ich dazu brauchte und ich wurde immer mutiger und selbstbewusster um das alles zu schaffen. So verließ ich dann im Juli 2018 erneut meine Komfortzone und erstellte mir meine eigene Fanpage „Verwandlung zum Glücklichsein" auf Facebook. Dort bin ich täglich mit meinen eigenen Postings und einem wöchentlichen Video-Tipp zum Glücklichsein als Glücklichmacherin tätig. Auch dieses wundervolle Buch war bereits im Jahr 2013 eine Idee in meinem Kopf. Und durch mein Tun darfst du es jetzt in deinen Händen halten und lesen. Und wie du es aus der Jahreszahl erkennen kannst, brauchen manche Ideen, bis zur vollständigen Vollendung auch etwas Zeit. Auch das darf sein und ist gut und richtig so. Mal läuft es mehr und mal weniger. Gestehe dir auch solche schöpferischen Pausen ein. Denn das nimmt dir den Druck und bringt wieder Leichtigkeit in dein Tun. Wichtig ist nur, dass du immer mal wieder etwas dafür tust und an deinen persönlichen Erfolg glaubst.

## Opfer bringen lohnt sich

Es lohnt sich auch wirklich, mal ein Opfer zu bringen, um ein gesetztes Ziel zu erreichen. Ich bin beispielsweise die letzten Monate eine Stunde früher aufgestanden, als ich eigentlich müsste, damit ich Zeit zum Schreiben hatte. Und es hat sich gelohnt, denn im Alltag bin ich während des Tages nicht zum Schreiben gekommen. Das machte mich eine Zeit lang auch echt unzufrieden. Bis ich in einem Vortrag von Robert Betz hörte: „Übrigens die Zeit zwischen vier und sechs Uhr ist eine sehr gute Zeit zum Bücher schreiben." Bingo, das war eine klare Botschaft an mich. Es ist eine fantastische Zeit zum Schreiben, denn mein Geist war noch ganz frisch und ich hatte nur das Schreiben im Kopf. Großartig. Wieder mal bestätigt sich die Aussage: „Wo ein Wille ist, da ist auch ein Weg." Ich bin wirklich sehr glücklich, dass ich diesen Weg zum Schreiben gefunden habe und auch stolz auf mich, dass ich die notwendige Disziplin aufgebracht habe. Wenn auch du ein gewisses Ziel vor Augen hast und keine Zeit dafür findest, dann kann ich dir dieses frühe Aufstehen sehr empfehlen. Und sei es nur um „Zeit für DICH" zu haben. Früher aufzustehen lohnt sich immer, denn du gewinnst dadurch einfach zusätzliche Zeit zu deinem normalen Tagesrhythmus hinzu.

Und wenn die Zeit reif ist, dann verwirklicht sich deine Idee, dein Herzenswunsch auch. Denn dann tun sich einfach die passenden Türen dafür auf.

Denke immer daran, dass ich vor ein paar Jahren dachte, dass ich noch nichts bewirken kann. Wie du siehst, habe ich sehr viel bewirkt und ich werde auch noch weiter wirken.

Auch du kannst in deinem Leben so vieles erschaffen und erreichen. Zur Erinnerung: Angefangen hat alles mit einer Herzvision, einer kleinen Idee im Kopf und meinem kraftvollen Herzvisionssatz. „Ich bin eine Glücklichmacherin, die täglich ihr Leben in Freude und Harmonie genießt und den Menschen täglich Freude und Liebe schenkt." Und das ist alles Wirklichkeit geworden.

So und jetzt zu dir und deinem Herzenswunsch. Denn du musst schon genau wissen, was du willst und wo dein Weg noch hingehen soll. Nimm dir jetzt Zeit und höre tief in dich hinein.

## Dein persönlicher Herzvisionssatz

1. Welche Ideen schlummern in deinem Kopf und wollen endlich raus?

2. Was willst du aus tiefem Herzen noch tun?

3. Wie heißt dein persönlicher Herzvisionssatz?

Ich bin ein/e … der/die … und … (was machst du?)

Zur Vereinfachung mein Beispiel:

**Ich bin** eine Glücklichmacherin, **die** täglich ihr Leben in Freude und Harmonie genießt **und** den Menschen täglich Freude und Liebe schenkt.

4. Hole dir jetzt Stift und ein Blatt Papier und schreibe deinen ganz persönlichen Herzvisionssatz auf ein schönes Blatt Papier. Hänge es dann an eine Stelle, an der du oft vorbeiläufst oder du es länger betrachten kannst. Beispielsweise kannst du beim Zähneputzen dann deinen Herzvisionssatz am Badezimmerspiegel lesen.

Du darfst auch mehrere dieser Blätter aufhängen. Lies dir am besten immer wieder im Laufe des Tages deinen persönlichen Herzvisionssatz laut vor und fange an zu träumen. Du kannst diesen kraftvollen Satz auch neben dein Bett legen und immer vor dem Schlafen gehen durchlesen und visualisieren. Verankere diesen Visionssatz in dir und setze ihn dann in die Tat um. Ja, komm auch DU ins TUN. Sei mutig, trau DICH und hör auf DEIN HERZ, es kennt DEINEN WEG. Und wenn jetzt Zweifel oder so blöde, negative Glaubenssätze aufkommen, wie zum Beispiel: „Was will ich schon bewirken, wer will denn meine Ideen hören …" Dann mach es doch einfach so wie ich. Werfe diese negativen Glaubenssätze über Bord und glaube an DICH und DEINE wundervollen Ideen in deinem Kopf. Denke immer daran: „Du bist größer, als du denkst und du kannst alles erreichen, was du wirklich erreichen willst." Komme in die Umsetzung, du schaffst das. Und es ist auch gar nicht nötig, dass du jetzt schon jedes einzelne, kleine Detail zur Verwirklichung deiner Idee im Kopf hast. Der Schlüssel zum Glücklichsein liegt im „Handeln." Mach einfach eine Sache nach der anderen, denn Schritt für Schritt gelangst du ganz leicht ans Ziel. Und sei dir sicher, dass sich alle Türen und Wege für die Verwirklichung deiner tollen Idee auftun werden. Der Zeitpunkt wird kommen, an dem deine Idee reif ist und Früchte trägt. Glaube selbst an DICH, an deine Ziele und dass DU alles schaffen kannst, was DU möchtest. Ich weiß, aus eigener Erfahrung, dass wir Menschen viel mehr erreichen können, als wir uns jemals vorstellen können. Oder denkst du, ich habe mir vor sieben Jahren, als ich selbst gerade in einem Tief steckte, vorgestellt, dass ich so ein großartiges Buch schreiben kann? Nein, absolut nicht. Doch wie du siehst, hab ich es geschafft und deshalb weiß ich auch ganz genau, dass auch du viel mehr erreichen kannst, als du dir selber zu traust. Du erreichst deine Ziele und wirst es auf jeden Fall schaffen. Du wirst es schaffen, zu dem glücklichen und erfüllten Menschen zu werden, der du sein willst. Gehe immer deinen Weg, offen und mit einer Prise Zuversicht, dann gelingt dein Lebensglück.

Das aller Wichtigste ist der erste Schritt, den du allein gehen musst. Das Tun. Ich wünsche dir viel Spaß bei DEINEM TUN. Du schaffst das, daran glaube ich aus tiefem Herzen.

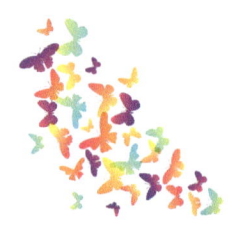

*Im Grunde sind es doch die*
*Verbindungen mit Menschen,*
*die dem Leben seinen Wert geben.*

# Dein Umfeld bestimmt dein Leben

Du weißt ja bereits, dass du selbst dein Herrscher über dein Leben bist und selbst für deine Gefühle, dein Glück oder Unglück verantwortlich bist.

Mit deinem Umfeld kommt noch ein weiterer und wichtiger Aspekt dazu. Du wirst ganz automatisch von deinem Umfeld geprägt. Aus diesem Grund ist es ganz wichtig, dass du dir ein positives Umfeld schaffst, indem du dich gut und glücklich fühlst.

Der wichtigste Punkt zu deinem Umfeld sind erst einmal deine Freunde und Menschen, mit denen du viel Zeit verbringst. „Du bist der Durchschnitt der fünf Menschen, mit denen DU DEINE meiste Zeit verbringst." So die Aussage von Jim Rohn. Und jetzt überleg einmal, wie deine Freunde, Kollegen und deine Familie so sind. Sind sie fröhlich, lustig und bauen dich auf? Oder jammern sie, saugen deine Energie und ziehen dich runter? Also meine Menschen in meinem engsten Umfeld treffen auf das Erste zu. Und ja, ich kann dir diesen Satz in meinem Leben vollkommen bestätigen. Denn auch ich bin sehr positiv, fröhlich, lustig und baue andere Menschen gerne auf.

## Freundschaften

Gerade auch die Wahl deiner Freunde ist sehr wichtig. Hierbei kannst du dich ganz auf dein Gefühl verlassen. Spüre, fühle in deine Freundschaften hinein und beobachte, wie du dich nach einem Treffen fühlst. Fühlst du dich gut und energiereich? Oder schlecht und energielos? Die Wahl unsere Freunde ist sehr wichtig für unser eigenes Wohlbefinden und Glücklichsein. Es geht bei solchen Treffen mit Freunden vor allem um den Inhalt, der gesprochen oder getan wird. Denn Worte und Taten bringen Gefühle hervor. Wenn du also bei solchen Freundschaftstreffen nur Leid geklagt bekommst oder auch du selbst nur von Klagen und Sorgen sprichst, wird die Negativspirale immer noch größer. Denn geteiltes Leid ist nicht halbes Leid, wie wir es überall immer hören. Nein, geteiltes Leid, ist doppeltes Leid! Denn das, worüber wir sprechen und unsere Aufmerksamkeit hinlenken wird multipliziert. Das heißt, wenn ich anderen ständig mein Leid Klage oder im umgekehrten Fall von anderen immer nur Leid höre, wird immer noch mehr Leid zu mir kommen. Ich falle in eine Negativspirale und fühle mich schlecht. Verstehe mich bitte richtig. Ich meine mit jammern und klagen wirklich ständig und nicht nur mal so zwischendurch sich auszukotzen, weil man halt gerade kurz mal gefrustet und genervt ist. Das hat, denke ich jeder einmal. Dann kann es auch wirklich erleichternd sein, wenn du mit jemandem vertrauten über deine Sorgen reden kannst. Doch dann bleibt es bei diesem kurzen jammern und dann schaust du, dass du aus diesem negativen Gefühl wieder heraus kommst. Optimal ist es natürlich, wenn ihr gleich gemeinsam nach Lösungen sucht und der Betroffene vielleicht sogar schon wieder mit einem Lächeln aus dem Treffen herausgehen kann. Solche positiven Freundschaften sind richtig wertvoll und tun gut. Dies kann ich dir aus meiner eigenen Erfahrung heraus ebenfalls bestätigen, denn ich habe solche wertvollen Freundschaften und diese machen mich wirklich sehr glücklich. Ich hatte jedoch auch Freundschaften, die eher zum „Jammerclub" zählen. Hier habe ich mich dazu entschieden, möglichst wenig Zeit mit diesen Personen zu verbringen. Mein Grund war, dass ich mich nach diesen Treffen fast immer schlechter gefühlt hatte, als zu Beginn des Treffens. Und wenn ich glücklich sein will, ist es wichtig, zu erkennen, wer schenkt mit Energie und wer raubt sie mir. Wenn ich also hingegen viel Positives und Schönes erzähle und ich viel Schönes und Positives erzählt bekomme, wird noch mehr Positives zu mir kommen. Ich gerate in eine Positivspirale und fühle mich gut. Das Gesetz der Anziehung besagt, dass die Energie die ich aussende, wieder zu mir zurückkommt. Negatives zieht Negatives an und Positives zieht Positives an. Ich bin mir ziemlich sicher, dass du nur Positives in dein eigenes, wertvolles Leben ziehen möchtest. Deshalb die Aufforderung an dich, wähle deine Freunde weise und triff gegebenenfalls auch die Entscheidung, einen Kontakt abzubrechen und zu beenden. Die Kriterien hierzu sind dir nun bekannt. Denn nur positive und schöne Kontakte bringen dich weiter und machen dich glücklich.

## Arbeitskollegen

Die gleichen Kriterien wie bei der Freundschaft gelten auch bei deinen Arbeitskollegen. Wenn du dich ausschließlich negativ bei der Arbeit fühlst oder sogar gemobbt wirst, ist es sehr wichtig, dass du als Erstes ein offenes Gespräch suchst. Wenn das nichts hilft und du weiterhin darunter leidest, solltest du die Entscheidung für ein glücklicheres Leben treffen und diese Arbeit beenden. Denn oft verbringst du mit deinen Arbeitskollegen die meisten Stunden deines wertvollen Lebens. Du hast es selber in der Hand, wie du dich bei deiner Arbeit fühlen möchtest.

## Partnerschaft

Auch bei deiner Partnerschaft treffen die gleichen Auswahlpunkte zu. Fühlst du dich die meiste Zeit richtig gut und bist glücklich, dann ist es ja wunderbar. Doch wenn du dich ganz oft schlecht und unglücklich fühlst oder sogar schon lange Zeit in dieser Beziehung leidest, ist eine Trennung wirklich sehr wichtig. Selbst dann, wenn ihr verheiratet seid oder schon ein gemeinsame/s Kind/er habt. Wenn du bereits über eine sehr lange Zeit leidest und ihr vielleicht sogar schon fachmännische Hilfe in Anspruch genommen habt, ist eine Trennung für alle Beteiligten das Beste. Unser erste Gedanke ist in solch einem Fall zwar oft: „Die armen Kinder." Doch oftmals ist die Entscheidung der Trennung, für die Kinder leichter zu ertragen, als wenn sie tagein tagaus dieses Leid ihrer Eltern miterleben müssen. Kinder sind sehr sensibel und merken dies. Sie bekommen sowieso mit, dass bei Mama und Papa etwas nicht in Ordnung ist oder genauer gesagt, dass sie es gerade schwer miteinander haben. Also mach dem Schrecken ein Ende. Denn wenn es dir gut geht, kannst du hervorragend für deine Kinder sorgen und es geht damit allen, im Endergebnis, besser als vorher.

## Hören und Sehen

Ein weiterer Punkt zu deinem Umfeld ist, was du selbst täglich hörst und siehst. Hierbei spielen vor allem die Medien eine sehr große Rolle. Also Fernseher, Radio, Facebook, Instagram, aber auch Zeitung und andere Zeitschriften. Überall werden wir mit negativen Nachrichten konfrontiert und wir nehmen diese negative Energie oft völlig unbewusst in uns auf. Beobachte deine Stimmung und Gefühle, nachdem du die Nachrichten angeschaut hast! Spürst du, was ich meine? Diese oft grausamen Bilder gehen nicht spurlos an uns vorüber. Auch wenn du dir vielleicht sagst, zum Glück ist der Krieg weit weg. Leid sehen und hören ist immer negativ, egal wie weit weg es ist. Und jetzt beobachte deine Gefühle und deine Stimmung nach einem schönen, lustigen Film. Ja, da fühlst du dich richtig gut und oft sogar richtig glücklich. Vielleicht machst du es mal so, wie mein Mann und ich. Wir haben seit vierzehn Jahren keinen Fernseher mehr und sind sehr zufrieden mit dieser Entscheidung. Diesen Müll, der die meiste Zeit im Fernsehen gezeigt wird, lohnt sich sowieso nicht anzuschauen. Und wenn wir etwas Schönes oder Lustiges sehen wollen, schauen wir eine DVD oder einen Film aus einer Onlinevideothek über unser Laptop an.

Genauso sieht es bei uns mit der täglichen Zeitung aus. Da in Zeitungen sowieso über 80 % negative Nachrichten sind, wird sie von uns erst gar nicht gekauft und gelesen. Denn auch das, was wir lesen beeinflusst, unbewusst unsere Stimmung und Gefühle. Und um es noch auf den Punkt zu bringen, wir hören auch keine Nachrichten im Radio, denn auch dort gilt wieder das gleiche wie beim Lesen. Du siehst also, dass es wichtig ist, dass du dir bewusst Gedanken darüber machst, was du tagtäglich, oft nur nebenbei so hörst, siehst und in dich aufnimmst. Vielleicht ist es jetzt wirklich mal an der Zeit, dass du das Eine oder Andere in deinem Leben änderst und z. B. den Fernseher für zwei Wochen auf den Dachboden stellst. Dann vielleicht noch mal zwei Wochen und wer weiß, vielleicht gefällt es dir so gut, dass aus den anfänglichen paar Wochen, Jahre oder sogar ein „immer" wird. Ich kann dir auf jeden Fall sagen, dass es für uns und unser Familienleben eine sehr positive Entscheidung war. Also los, Stecker vom Fernseher raus und ab auf den Dachboden. Du schaffst das, da bin ich mir ganz sicher.

Mit Facebook und Co. kommen noch weitere Quellen für die Überbringung von negativen Berichten dazu. Und auch diese kurzen negativen Bilder oder Worte beeinflussen dich. Ich selbst bin in Facebook recht aktiv und mich haben diese negativen Berichte, die einfach so ohne Vorwarnung zu mir kamen, echt genervt. Also habe ich alle Kontakte, die gerne negatives berichten oder teilen unterdrückt. Das geht bei Facebook. Und siehe da, jetzt erhalte ich von Facebook nur noch schöne Nachrichten und nutze es für positive Kommunikation. Ich „like" oft positive Seiten mit lustigen Videos und schönen Sprüchen und aus diesem Grund kommen nur noch schöne Postings auf Facebook zu mir. Ganz oft teile ich diese wundervollen Berichte. Und daraus entsteht ein Kreislauf der Freude. Denn Freude zu verschenken ist für mich einfach das Größte.

Mach dir diese, oft unbewusste Beeinflussung, bewusst und nimm es selbst in die Hand, von was du dich beeinflussen lassen möchtest. Ich, als deine Glücklichmacherin, empfehle dir, nach und nach diese negativen Quellen zu beseitigen. Es wirkt sich sehr positiv auf dich und dein Leben aus. Du wirst dadurch noch freier und glücklicher. Durch diese Mediendiät führe ich nun schon seit vierzehn Jahren ein schöneres und freieres Leben, frei von negativen Nachrichten. Ich bin sehr glücklich und genieße mein Leben ohne diese negative Beeinflussung sehr.

Es ist nicht zu wenig Zeit,
die wir haben, sondern es ist zu viel Zeit,
die wir nicht nutzen.

*Lucius Annaeus Seneca*

# Mache das Beste aus deiner Zeit

Was würdest du tun, wenn du heute erfahren würdest, dass du nur noch einen Monat am Leben bist? Welche Gefühle hättest du? Könntest du die Zeit noch genießen? Würdest du sagen: „Ja, ich habe ein erfülltes Leben gehabt. Ich bin authentisch durchs Leben gegangen und ich habe wundervolle Dinge gemacht. Ich habe mein volles Potenzial genutzt und meine Lebenszeit immer positiv gestaltet!" Die meisten Menschen, die auf dem Sterbebett liegen, bereuen eben dieses nicht getan zu haben. Sie bereuen, dass sie sich viel zu sehr mit Nichtigkeiten aufgehalten haben und viel zu wenig im JETZT gelebt haben. Sie bereuen, dass sie sich selbst für andere Menschen aufgegeben haben und viel zu wenig an sich selbst gedacht und geglaubt haben. Wir können von solchen Einsichten profitieren, um bewusster unser Leben zu leben und vor allem mehr im HIER und JETZT zu sein. Das zu starke hängen, in und an der Vergangenheit und Zukunft, gehören zu den größten Ursachen für Unzufriedenheit. Viele Menschen schauen immer nur in ihre Vergangenheit und klagen, wie schlimm doch ihre Kindheit war und dass sie deshalb niemals ganz glücklich sein können. Stelle dir doch einfach mal bildhaft vor, wie du gerade einen Weg entlang läufst und ständig nach hinten schaust. Ja, genau, du nimmst gar nicht wahr, was vor dir liegt. Du siehst gar nicht die Schönheiten, die dir auf deinem Weg begegnen. Da gibt es so viel zu entdecken. Wunderschöne Blumen, die am Wegesrand stehen, ein schöner bunter Schmetterling, der vor dir fliegt und direkt am Ende des Weges vor dir, ist ein wundervoller Sonnenuntergang. Ja, und all das siehst du nicht, weil du nur nach hinten schaust. Es ist nun wirklich an der Zeit, dass du nach vorne schaust und dein Leben und die wundervollen Geschenke, deine Chancen und Ressourcen wahrnimmst. Bei dem zu starken, nur in die Zukunft blicken, verhält es sich jedoch genauso. Der wichtigste Moment im Leben ist jetzt, ist dieser Augenblick. Gestern und deine Vergangenheit sind vorbei. Morgen und deine Zukunft sind noch nicht da. Das JETZT ist das, was zählt. Es bedeutet, du bist vollkommen präsent in diesem Augenblick. Und wie wir schon in dem Wort „präsent" erkennen können, ist das Leben im „Hier und Jetzt" ein wahres Geschenk. Denn nur in diesem Augenblick, kannst du die wundervollen Geschenke des Lebens erkennen. Du erkennst, dass durch dieses Leben im Augenblick, vieles leichter wird und du auch besser von deiner Vergangenheit loslassen kannst. Sie ist nun mal vorbei, da können wir in der Gegenwart nichts mehr daran ändern.

Und unsere Zukunft ist noch nicht da. Genauer ausgedrückt, erschaffen wir uns unsere Zukunft im JETZT. Sei dir deshalb bewusst, dass dein jetziges Leben, das Ergebnis von deinen vergangenen Gedanken ist. Wenn du also einen anderen Lebensumstand erreichen möchtest, ist es vor allen Dingen wichtig, dass du im JETZT andere, positive und vor allem lebensbejahende Gedanken denkst. Denn das, was wir heute denken, fühlen und tun, führt das Morgen und somit unsere Zukunft herbei. Erinnerst du dich noch an das Thema, als ich dir in von der Gedankenkraft und Vorstellungskraft erzählt habe? Mit deinen Gedanken erzeugst du deine Gefühle. Deine Gefühle bringen dich ins Handeln. Und dein Handeln bestimmt dein Leben. Du siehst also deutlich, dass du selbst verantwortlich für deine Zukunft bist. Warum sich also ständig Gedanken und Sorgen machen, was in einem oder zehn Jahren sein könnte. Sorge lieber dafür, dass du JETZT ein schönes Leben hast. Denn was die Zukunft bringt, können wir alle nicht sagen. Wie lange wir noch zu leben haben, wissen wir ebenfalls nicht. Umso wichtiger ist es die Zeit, die wir noch haben sinnvoll und glücklich zu verbringen. Wir verbringen unsere Zeit immer dann am sinnvollsten, wenn wir etwas machen, woran wir Spaß haben sowie Freude und Glück empfinden.

Deshalb ein paar wichtige Fragen an DICH:

## Dein Alltag

1. Wie sieht dein Alltag so aus?

2. Gibt es viele solche Glücksmomente, wo du dich freust und Spaß hast?

3. Oder ist dein Alltag eher grau und freudlos?

4. Überlege, was dir Spaß macht oder was du schon lange mal wieder machen wolltest?

5. Mach dir eine Liste mit Dingen, die du noch gerne machen möchtest und die dir Freude bringen würden.

Vielleicht hast du Lust auf ein neues Hobby oder du möchtest einmal Fallschirmspringen oder wie früher unter freiem Sternenhimmel schlafen. Vielleicht meldest du dich zu einem Yoga Kurs an oder du lernst noch ein Instrument. Es gibt bestimmt ganz viele Dinge, die dir Freude machen. Oft führen schon die kleinsten Veränderungen in unserem Alltag zu mehr Glück und Zufriedenheit. Denn wenn wir wieder mehr Freude und Spaß haben, kommt auch wieder mehr Leichtigkeit in unser Leben. Mit Spaß und Freude geht eben alles leichter.

*Wenn wir Freude am Leben haben,*
*kommen die Glücksmomente von selber.*

Ernst Ferstl

# Leichtigkeit im Leben

Meiner Ansicht nach ist das Geheimnis des Lebens überhaupt, die Dinge sehr, sehr leicht zu nehmen. Dieser wundervolle Satz von Oscar Wilde stammt aus dem kleinen Buch „Weisheiten der Gelassenheit" und ich liebe diesen Satz. Ja, ich bin wirklich zutiefst davon überzeugt, dass es sehr wichtig ist, dass wir Menschen es uns so einfach wie möglich machen dürfen. Denn mit Leichtigkeit geht einfach alles besser und es macht oft auch viel mehr Freude. Deshalb ist es mir ganz wichtig, dass ich dir ein paar Dinge erzähle, wie du es dir in deinem Leben leichter machen kannst.

## Humor

Für mich ist Humor die Nummer eins für Leichtigkeit. Denn Freude und Lachen vertreiben allen Kummer sowie Sorgen und bringen automatisch mehr Leichtigkeit in dein Leben. Wichtig dabei ist, dass du über dich selbst auch lachen darfst und kannst. Nicht immer alles gleich so ernst nehmen und sich Vorwürfe machen, sondern auch über die eigenen Fehler lachen und die Sache mit Humor und Leichtigkeit betrachten.

## Fehler

Vor allen Dingen ist es wichtig, sich von dem Perfektionismus zu lösen und eigene Fehler und Schwächen einzugestehen. „Ich bin gut, so wie ich bin und das, was ich tue, ist gut so, wie es ist." Spürst du die Leichtigkeit und vor allem die Erleichterung in diesem kraftvollen Satz? Ja, du bist gut, so wie du bist. Und es ist völlig normal, wenn du Fehler machst. Genau genommen gibt es gar keine Fehler, es sind nur Erfahrungen, die wir in einer bestimmten Situation machen. Und genau aus dieser Erfahrung, lernen wir oft so viel für unser Leben. Also betrachte deine sogenannten Fehler mit Leichtigkeit und sei Ihnen dankbar für dein eigenes Wachstum. Ich finde, aus dieser Perspektive betrachtet, hat das Wort „Fehler" doch eine ganz andere Aussagekraft und Bedeutung.

## Lachen ist die beste Medizin

Kommen wir zurück zu Humor und Lachen. Wie heißt es so schön: „Lachen ist die beste Medizin." Diese Medizin ist sogar kostenfrei und hat nur positive Nebenwirkungen. Lachen stärkt das Immunsystem und hat überaus heilende Auswirkungen auf Körper, Geist und Seele. Beim Lachen bremst das Gehirn die Produktion von

Stresshormonen. Anspannung und Stress lassen nach, denn wenn wir lachen werden verstärkt Glückshormone ausgeschüttet. Wer viel lacht, fühlt sich also definitiv besser. Das Leben ist einfach auch so viel schöner, wenn wir lachen und Spaß haben. Und schon fühlen wir uns wieder so richtig wohl und leicht. Somit haben wir dabei sogar etwas für unsere Gesundheit getan.

## Dein Spaßfaktor

Was könntest du heute tun, um den Spaßfaktor in deinem Leben zu erhöhen? Ich bin mir sicher, wenn du ein wenig darüber nachdenkst, fallen dir bestimmt viele Dinge ein, die dir Spaß und Freude bereiten. Als kleine Inspiration erzähle ich dir, was mir Spaß macht und womit ich immer in gute Stimmung komme. Ich liebe es zum Beispiel, wenn ich meine Lieblingsmusik anhöre und dabei hüpfe oder tanze. Gute Laune kommt da immer sofort auf. Genauso ist es auch beim Trampolinspringen, denn durch das federleichte hüpfen spürst du am ganzen Körper die Leichtigkeit. Oder einen richtig lustigen Film anschauen und Tränen lachen. Das tut mir immer wieder gut. Gerade nach einem anstrengenden Tag genieße ich so einen heiteren und lustigen Film sehr. Oder ich mache mit meinem wundervollen Mann, einer lieben

Freundin oder einem guten Kumpel mal wieder richtig lustige und coole Dinge wie z. B. Riesenrad fahren, Inliner fahren, vom fünf Meter Sprungbrett springen, einen Wasserrutschenpark besuchen oder einfach ein Eis essen gehen. Auch ein Treffen mit Freunden, bei dem wir uns gegenseitig Witze erzählen, macht mir richtig Spaß und Freude. Und auch der Besuch einer Lachyoga-Stunde war richtig lustig. Alle diese Dinge bringen eine wundervolle Leichtigkeit in das Leben und lassen uns einfach auch als erwachsenen Menschen wieder Kind sein. Das tut immer richtig gut und ist einfach nur schön.

Na, sind dir jetzt auch Dinge eingefallen, die dir mal wieder Spaß machen würden? Dann mach es, es fühlt sich sooooooo gut an und bringt immer wieder richtige Leichtigkeit und Freude in dein Leben. Wichtig ist vor allem auch, dass du dich immer wieder im Alltag bewusst für die Leichtigkeit öffnest und sie direkt in dein Leben einlädst.

## Für die Leichtigkeit öffnen

Öffne dich jetzt gleich, bewusst für die Leichtigkeit. Dazu atmest du einmal tief durch. Und gleich noch ein zweites und drittes Mal. Spürst du, wie du mit jedem Atemzug leichter und leichter wirst? Mach diese kurze Atemübung öfters am Tag und gönne dir somit eine kurze Verschnaufpause. Du wirst sehen, danach gehst du wieder mit frischer Energie und Leichtigkeit an deine Arbeit. Regelmäßige Pausen zwischen deinen anfallenden Arbeiten sind sowieso ganz wichtig. Vor allem dann, wenn dein Tag voll ist und du von einem Termin zum anderen hetzt. Gerade dann, wenn du denkst, heute habe ich keine Zeit. Genau, dann ist es extrem wichtig, dass du dir Pausen gönnst und diese wertvolle Übung für die Leichtigkeit machst. Und wenn es nur zehn Minuten sind. Mach die notwendige Pause, du wirst sehen, dass du dadurch viel mehr Energie hast und deine anfallenden Arbeiten viel leichter und vor allem auch zufriedener erledigst.

## Prioritäten setzten

Genauso wichtig ist, dass du dir bei deinen anfallenden Arbeiten Prioritäten setzt. Du überlegst dir also genau, was für eine Arbeit jetzt am wichtigsten ist oder welche Arbeit am schnellsten getan werden soll. Wenn du diese Überlegungen getroffen hast, machst du auch nur diese eine Arbeit. Du bist mit voller Aufmerksamkeit und somit auch mit voller Energie bei dieser einen Tätigkeit. Und so, erledigst du Tag für Tag eine Arbeit nach der anderen. Und schwupp sind die anfallenden Arbeiten, die dir anfangs wie ein riesiger Berg vorkamen, mit Leichtigkeit geschafft.

## Genieße dein Leben

Du bist auf dieser wundervollen Erde um das allerbeste aus deinem Leben zu machen und jeden Augenblick zu genießen. Alles darf leicht gehen. Natürlich gehört zum Leben auch Arbeiten dazu, doch denke immer auch an das Spielen und Spaß haben in deinem Leben. Dann wirst du immer mit einer gewissen Leichtigkeit durchs Leben gehen. Denn diese Leichtigkeit im Leben ist so wichtig und wertvoll. Gerade auch beim Arbeiten, beim Verrichten einer Tätigkeit ist es enorm wichtig, die Freude mit einzubeziehen. Denn mit Freude geht alles leichter und oft sogar schneller. Du kannst dir die Freude vorstellen, wie ein Stein, der in die Mitte eines Sees geworfen wird: Die Wellen breiten sich in Kreisen bis an die Ufer des Teiches aus und kehren wieder zur Mitte zurück, während sie allen, mit denen sie auf dem Weg in Berührung kommen, Freude bringen. Das ist doch Grund genug, die Freude täglich bewusst zu leben. Es macht somit mich selbst glücklich und alle anderen mit denen ich zu tun habe auch. Diese Tatsache erlebe ich bei meiner Arbeit mit alten Menschen sehr deutlich. Jedes Mal, wenn ich mit einem Lächeln die Türe betrete, kommen Sie mir mit einem Lächeln und oft schon ausgebreiteten Armen zu Begrüßung entgegen. Neulich meinte eine 90-jährige Frau zu mir, ich bin so glücklich, dass du zu mir kommst und dein Lächeln ist das schönste für mich. Ja, Freude zu verschenken, ist definitiv die schönste Sache, die einen selbst auch glücklich macht.

## Ein Nein zu anderen ist ein Ja zu mir

Ein ganz andere Sache für mehr Leichtigkeit im Leben ist auch mal das Nein sagen. Denn ein Nein zu anderen ist ein Ja zu mir selbst. Wenn wir zu jedem Menschen, der unsere Hilfe benötigt Ja sagen, bleiben wir vor lauter äußerer Überforderung selbst auf der Strecke. Und das ist nicht Sinn und Zweck der Sache. Denn, ich erinnere dich daran, nur wenn es DIR gut geht, geht es auch allen anderen gut. Und ständige Überforderung ist auf Dauer wirklich nicht gut für Körper, Geist und Seele. Wir werden energielos, lustlos und gereizt. Und das alles ist Grund genug auch mal Nein zu sagen, auf sich und seinen Körper zu hören und sich mehr Ruhe zu gönnen.

Deshalb merke dir den Satz gut: „Ein Nein zu anderen ist ein Ja zu mir." Und natürlich heißt das jetzt nicht, dass ich gar keinen Menschen mehr helfe, es kommt nur auf das richtige Maß an. Ab und zu jemandem zu helfen und selbst dabei noch alles leicht hinzubekommen ist in Ordnung. Denn ich brauche auch mal Hilfe von anderen und freue mich, wenn ich dann diese Hilfe von diesen Menschen bekomme.

## Hilfe annehmen und einfordern

Und da sind wir auch schon beim nächsten Thema, der dir Leichtigkeit in dein Leben bringt. Nämlich, dass es auch mal wichtig ist, Hilfe anzunehmen oder Hilfe einzufordern. Wenn du also merkst, dass du eine Arbeit nicht alleine schaffst oder dich diese Tätigkeit, die du zu tun hast überfordert, ist es völlig in Ordnung, Hilfe einzufordern. Denn zu wissen, dass man nicht alles alleine schaffen muss und auch nicht alles alleine können muss, bringt extreme Leichtigkeit. Bei mir war es z. B. so, dass mir das Schreiben an meinem wundervollen Buch schon immer sehr viel Freude bereitet hat und mir auch recht leicht von der Hand ging. Nur der Gedanke an die letztendliche Form, an das Überarbeiten am Computer und an den ganzen organisatorischen Sachen, die mit so einem Buch erstellen zusammenhängen, hat mir schon fast die Lust am Schreiben genommen. Und erst als ich diesen Punkt dann mit meinem lieben Mann und einer lieben Freundin besprochen habe und die beiden mir dann sagten, dass sie mir dabei auf jeden Fall helfen, kam für mich wieder Erleichterung auf und meine Lust zum Schreiben war wieder da. Ich spürte mit dieser Annahme von der angebotenen Hilfe von den zwei lieben Menschen deutlich Erleichterung und alles konnte wieder leichter fließen. Du siehst also, dass es wirklich Leichtigkeit in dein Leben bringt, wenn du auch mal etwas abgibst und Hilfe in Anspruch nimmst. Mehr noch: Die notwendige Hilfe zu bekommen, die man braucht, macht sogar richtig glücklich.

Fühlst du dich überfordert? Könnte dir jemand deine Arbeit abnehmen oder dich in einer gewissen Tätigkeit unterstützen? Dann los, fordere Hilfe ein und nimm sie dankend an. Denn alles, was dir dein Leben erleichtert, ist wichtig und wertvoll für dich. Du erinnerst dich bestimmt an diesen wundervollen Satz, von Oscar Wilde: „Meiner Ansicht nach ist das Geheimnis des Lebens überhaupt, die Dinge sehr, sehr leicht zu nehmen." Viele Impulse hierzu hast du jetzt. Mache es dir also so leicht wie möglich und genieße dein wundervolles Leben.

Wenn es einen Glauben gibt, der Berge versetzen kann, so ist es der Glaube an die eigene Kraft.

Marie von Ebner-Eschenbach

# Dein Glaube hat dir geholfen

So oder so ähnliche Sätze lesen wir in der Bibel oder hören Sie in der Kirche in vielen Predigten. Jeder kennt also diesen Satz, den Jesus schon vor über zweitausend Jahren gesagt hat. Dein Glaube hat dir geholfen. Doch leben wir diesen Glauben auch? Lebst du ihn schon? Setzt du die Kraft des Glaubens und des Gebets schon ein? Viele Menschen haben diesen Satz wahrscheinlich schon mehrmals gehört und gelesen, doch wirklich leben tun sie es eher nicht. Dabei ist dieser Glaube so wichtig und wertvoll. Und es wäre wirklich schade, wenn diese starke Kraft, diese göttliche Energie nicht genutzt wird. Denn wie heißt es so schön: „Der Glaube versetzt Berge." Ja, über diese wundervolle Kraft wird überall gesprochen, somit muss doch wirklich was dran sein. Habe ich recht?

Doch was wollen uns solche Sätze eigentlich sagen? Schauen wir uns dieses Wort „Glaube" einmal genauer an.

## Glaubensdefinitionen

Wikipedia erklärt das Wort Glaube so:

Das Wort Glaube (auch glauben, lateinisch fides, indogermanisch leubh), mit begehren, lieb haben, so lieb erklären, gutheißen, loben. Es bezeichnet eine Grundhaltung des Vertrauens, vor allem im Kontext religiöser Überzeugungen.

Weiter heißt es im Duden:

Glaube, gefühlsmäßige, nicht von Beweisen, Fakten o. Ä. bestimmte unbedingte Gewissheit, Überzeugung. Religiöse Überzeugung: ein fester Glaube bestimmt ihr Leben. Vom echten Glauben erfüllt sein. Synonyme zu Glaube: Meinung, Überzeugung, Vertrauen Zuversicht. Frömmigkeit, Glaubensüberzeugung, Gläubigkeit, Gott Ergebenheit, Frommheit, Gutgläubigkeit Bekenntnis, Konfession, Religion schenken, unerschütterlich, wahr.

Du siehst, dass es viele Erklärungen zu dem Wort Glauben gibt.

## Der Glaube ist groß

Nehmen wir erst einmal diesen wundervollen Satz aus der Bibel: „Dein Glaube hat dir geholfen." Für mich bedeutet dieser Satz, dass uns der Glaube in unserem Leben helfen kann und es wichtig ist, zu glauben. Mir gibt der Glaube Halt und Hoffnung. Der Glaube macht mich stark und schenkt mir Vertrauen ins Leben. Und letztendlich schenkt mir dieser Glaube auch Liebe. Der Glaube ist wirklich eine sehr große und bereichernde Kraft für dein Leben. Das kann ich dir aus eigener Erfahrung sagen. Und der Glaube ist eine große Kraft.

Dazu fällt mir gleich ein weiterer Satz ein: „Der Glaube versetzt Berge." (1. Korinther 13,2) Das bedeutet: Wenn ich fest von etwas überzeugt bin, also fest daran glaube, kann ich dies auch verwirklichen, obwohl es sich normalerweise nicht verwirklichen lässt. So die Erklärung im Duden. Dies bedeutet, dass wenn ich wirklich zutiefst und von ganzem Herzen davon überzeugt bin, dass ich es verwirklichen kann, ich dies auch verwirklichen werde. Denn durch diesen Glauben an sich selbst entsteht eine sehr große Kraft. DU schaffst dadurch alles, was du wirklich willst. Auch dies habe ich selbst so erfahren. Doch wichtig ist, was du mit dem Wort Glauben verbindest und vor allem, was glauben für dich persönlich bedeutet.

## Dein eigenes Bild zum Glauben

1. Was also bedeutet für dich der Glaube?

2. Gibt er dir Halt?

3. Gibt er dir Kraft?

4. Oder engt dich dein Glaube vielleicht eher ein?

Hierbei spielt es eine sehr große Rolle, wie du den Glauben als Kind und Jugendlicher erlebt hast. Deshalb auch die Frage an dich:

1. Wie bist du mit dem Glauben aufgewachsen?

2. Wie haben dir deine Eltern den Glauben vorgelebt?

Oft ist es so, dass wir ganz unbewusst die Einstellungen, Meinungen und Verhaltensweisen, in dem Fall zum Thema Glauben, von unseren Eltern übernehmen.

Deshalb stelle ich dir jetzt noch mal bewusst die Frage:

1. Was hältst DU wirklich vom Glauben?

2. Was ist Gott für DICH?

Ja, das ist jetzt wirklich deine ganz eigene Meinung zum Glauben und zu Gott. Merkst du, wie leicht wir uns durch

andere Menschen und vor allem durch unsere Eltern beeinflussen lassen? Das muss nicht unbedingt etwas
Schlechtes bedeuten. Es kann auch sein, dass deine
Eltern dir eine positive Sicht des Glaubens mitgegeben
haben. Mir war nur wichtig, dass du dir dieses
„unbewusste" Übernehmen von Meinungen bewusst
machst und dir wirklich ganz bewusst DEINE eigene
Meinung, DEIN eigenes Bild dazu machst. Das ist natürlich in jedem Lebensbereich so. Doch ich würde sagen,
dass das Thema Glauben schon ein sehr großes und
wichtiges Thema ist. Denn es beeinflusst und begleitet
dich dein Leben lang.

## Vertrauen

Glauben bedeutet auch zu vertrauen. Vertrauen in Gott,
vertrauen in Engel und in die gesamte geistige Welt.
Und letztendlich Vertrauen in meinen Weg, in meinen
Seelenplan. Vor allem auch dann zu vertrauen, wenn es
mir mal nicht so gut geht, wenn ich ein Tief habe. Ja,
gerade dann ist dieses Vertrauen sehr wichtig. Denn
vielleicht ist dieses Tief, dieses Problem, welches ich
jetzt gerade habe, wichtig für mich und meine weitere
Entwicklung. Vielleicht ist es wichtig, dass ich durch dieses Problem noch mehr wachse und dadurch in meine

wahre Größe gelange. Denn so ist es ganz oft, dass dieses Problem, besser gesagt, diese Herausforderung, mich als Mensch im ersten Moment erdrückt. Doch hinterher stellt es sich als ein großes Geschenk, einen großen Segen für mich heraus. Bestimmt kennst du selbst auch solche wundervollen Erfahrungen.

## Der Glaube an sich selbst

Und dann ist da auch noch dieser wundervolle Glaube an sich selbst. Glaube an dich, egal was andere von dir glauben und zu dir sagen. Wichtig ist, was DU glaubst. Denn DU kennst dich am besten und weißt viel mehr über DICH als andere jemals wissen können. Dazu gehört auch, seinen eigenen Wert zu kennen. Sich, sein Tun und Leben wertzuschätzen und stolz darauf zu sein, was du als Person schon alles geleistet und geschafft hast. Ja, ich weiß, die Worte von manchen Menschen können richtig wehtun und einen in seinem eigenen Glauben an sich selbst zweifeln lassen und somit im eigenen Tun hemmen. Doch gerade dann, wenn du so ein äußeres Einschränken erlebst und dadurch negative Emotionen verspürst, ist es sehr, sehr wichtig, dass du an DICH selbst glaubst. Denn du weißt, wie oft du schon ein Tief ein Problem oder eine große Herausforderung hattest. Du weißt, wie oft du hingefallen und immer wieder aufgestanden bist. Du weißt, was du schon alles geschafft und erreicht hast. Dieses Wissen macht dich stark. Und wisse, Gott, das Leben, das Universum, alles was ist. Nenne es, wie du es willst, lädt dir nur das auf, was du auch schaffen und bewältigen kannst. Auch dies kann ich dir aus eigener Erfahrung und aus der Geschichte von anderen Menschen bestätigen.

## Der Glaube gibt Kraft

Was mir persönlich bei solchen schweren Lebensabschnitten immer sehr geholfen hat, ist der Glaube an Gott, an Maria, an die Engel, einfach an die gesamte geistige Welt, an etwas Göttliches und Größeres als ich. Denn es hat mir einfach gutgetan, zu wissen, dass ich Lasten, die mir momentan zu schwer erscheinen, abgeben kann und Hilfe bekommen werde. Ja, das ist meine Kraft, die ich durch meinen Glauben zum Göttlichen bekomme. Und auch, wenn du an etwas anderes glaubst. Feen, Elfen, Einhörner, Drachen, deine Krafttiere, die Kraft der Edelsteine ... Die Hauptsache ist, du fühlst dich gut damit und es gibt dir Kraft in deinem Leben. Und lasst dir hier von niemandem etwas anderes einreden. Dir tut dieser Glaube gut und das ist das Wichtigste. Und letztendlich ist alles die gleiche Essenz, denn alles ist göttliche Energie, die wirkt.

Ich wünsche DIR und jedem Menschen, dass ihr diese Kraft durch einen starken Glauben auch erfahren werdet. Denn wie heißt es so schön: „Bittet, dann wird euch gegeben." Und das ist ein ganz wichtiger Punkt. Es ist sehr wichtig, dass wir um Hilfe bitten und es auch wirklich aus unserem Herzen heraus aussprechen. Erst dann kann die Hilfe zu uns kommen. Denn Gott hat uns den freien Willen geschenkt. Deshalb ist es wichtig, dass du darum bittest, wenn du Hilfe brauchst. Nur so kannst du die benötigte Hilfe auch erfahren. Aus meinen bisherigen Erfahrungen im Leben kann ich dir bestätigen, dass immer dann Hilfe zu dir kommt, wenn du zutiefst darum bittest und es wirklich einer größeren Hilfe bedarf. Die Hilfe, die du bekommst, ist vielleicht nicht immer so, wie du es dir selbst ausgemalt und erhofft hast. Doch wisse, Gott weiß, was er tut. Vertraue und glaube daran, dass immer und zu jeder Zeit das richtige geschieht. Je mehr du dich diesem Vertrauen in deinem Leben hingibst, umso leichter wird es in deinem Leben werden. Denn wenn du offen bist und vertraust, dass alles zu jeder Zeit, genauso, wie es jetzt ist, richtig ist, wächst auch dein Vertrauen in dich und dein Leben. Ich weiß noch ganz genau, wie ich nach so manchem Tief, einem Streit, einer Niederlage … in der Kirche stand, ein paar Kerzen angezündet habe und mein Herz ausgeschüttet habe. Tränen sind mir runtergeflossen und durch das Beten oder genauer gesagt das Öffnen zum Göttlichen habe ich mich gleich leichter gefühlt. Und ganz oft war noch am selben Tag oder zeitnah eine positive Wende geschehen. Herzen haben sich wieder füreinander geöffnet, zum Beispiel nach einem Streit, ich habe endlich die passende Lösung zu meinem sogenannten Problem gefunden oder ich habe einen Menschen getroffen, der mir gutgetan hat. Das ist meine wundervolle Erfahrung vom Beten und sich öffnen zu Gott und der gesamten geistigen Welt. Auch mal etwas abgeben zu können finde ich sehr hilfreich. Es ist egal, ob du für dieses Beten aus tiefstem Herzen in eine Kirche gehst, lieber in der Natur bist oder du dich in deinem Wohnzimmer ganz Gott hingibst. Wichtig ist die Essenz, also die Tiefe und das Gefühl deiner Bitte. Und durch dieses Abgeben mache ich mich keineswegs klein. Ganz im Gegenteil. Ich weiß, dass ich selbst so ein göttliches, kraftvolles Wesen bin und dass jeder Mensch dieses kraftvolle, göttliche Wesen ist. Denn wir sind alle

Gottes Kinder und aus diesem Grund haben wir diese göttliche Kraft auch in uns. Wir sind alle die Schöpfer von unserem eigenen Leben. Die meisten Menschen vergessen dies jedoch und kreieren deshalb eher unbewusst ihr eigenes Leben. Du erinnerst dich daran, dass wir schon in anderen Kapiteln in diesem Buch über die eigene Kraft, die Kraft der Vorstellung, über Gedanken werden zu Gefühle, Gefühle bringen dich zum Handeln und dein Handeln bestimmt dein Leben, geredet haben. Somit stimmt dieser Satz vollkommen, DU bist dein eigener Schöpfer deines Lebens. Ich weiß also, dass DU und ICH kraftvolle und schöpferische Wesen sind und in schwierigen Phasen  finde ich es völlig in Ordnung um Hilfe zu bitten, denn dieses Abgeben bringt wieder Leichtigkeit ins Leben. Denn ich spüre, dass ich nicht alleine bin und auf jeden Fall Hilfe bekomme, wenn ich darum bitte. Findest du auch, dass dieses Abgeben Erleichterung in deinem Leben schaffen kann?

## Menschen, die an dich glauben

Und dann gibt es auch noch so wundervoll Menschen, die an dich und an dein Tun glauben. Wenn du solche tollen Menschen in deinem Leben hast, dann bist du wirklich ein reich gesegneter Mensch. Das kann ich dir aus meiner eigenen Erfahrung sagen. Ich bin wirklich sehr dankbar, dass ich viele solche großartigen Menschen um mich habe, die an MICH und MEIN TUN glauben. Dies habe ich wieder ganz intensiv beim Schreiben von diesem Buch erfahren. Wenn andere an DICH glauben, dann wirst du noch stärker und mutiger. Sei dir gewiss, du spürst diese zusätzliche Kraft deutlich. Es tut richtig gut, wenn du mit deinem Wissen, deinem Glauben an dich, deinem Tun und Wirken nicht alleine da stehst. Gemeinsam sind wir stark, auch diese Aussage kennst du bestimmt. Ja, und wenn jemand anderer an dich glaubt, weil er es auch für möglich hält, dass du es schaffen kannst, dann entwickelst du eine richtig große Kraft. Diese Kraft entsteht dadurch, weil da jemand da ist, der an dich glaubt. Du bist dann mit deinen Gedanken, deiner Idee, deinem Glauben das es klappen wird schon zu zweit oder zu dritt, usw. Doch auch wenn kein Mensch an deiner Seite ist, der an dich glaubt, wisse, einer ist immer da, der an dich glaubt, Gott.

Gott glaubt immer an dich und deshalb gibt dieser wundervolle Glaube an Gott, an das Göttliche, so viel Kraft. Du schenkst Gott dein Vertrauen, dein Glaube und Gott schenkt dir sein Vertrauen und seinen Glauben an dich. Ja, solch einen Glauben, solch ein Vertrauen in Gott und das Göttliche, lebe ich. Und ich spüre die Liebe Gottes, der Engel, Mariens ganz deutlich. Das ist für mich wirklich eine richtig große und wundervolle Energie, die mir in meinem Leben in jeder Lebenslage hilft. Ich bin auch heute noch meinen lieben Eltern zutiefst dankbar, dass sie mir diesen stärkenden und liebenden Glauben mit auf dem Weg gegeben haben. Und ich wünsche DIR und jedem Menschen auf der Welt, dass er diesen kraftspendenden und liebenden Glauben erfahren darf und die Liebe Gottes in seinem Herzen spürt. Denn das ist die wahre Liebe. Gott ist in dir, in mir und in allem, was ist. Und dieses Wissen ist für mich und ich denke auch für die ganze Menschheit ein großartiges Geschenk. Nimm dieses Geschenk ruhig in Besitz. Glaube an dich und deine göttliche Kraft in dir. Glaube an Gott, an das Göttliche, alles was ist. Freue dich, dass du auch mal abgeben darfst, wenn es dir zu schwer wird und sei froh und dankbar, dass du Hilfe bekommst, wenn du darum bittest. Ich wünsche dir von Herzen, Gottes Segen, Licht und Liebe.

Engel kommen herab und bringen
vom Himmel ein Echo der Gnade,
Geflüstert der Liebe.

Fanny Crosby

# Meine lieben Helfer aus der geistigen Welt

Über die Kraft des Glaubens haben wir ja jetzt schon ausführlich gesprochen und ich bin mir ganz sicher, dass du es verstanden hast, dass es gut und wichtig ist, als Mensch nicht alles alleine tragen zu müssen. So kannst du Lasten, die dir zu schwer werden, auch mal abgeben. Mit diesem Beistand von der gesamten geistigen Welt hast du also wirklich ein richtiges Helferteam an deiner Seite. Und weil diese Unterstützung von diesen kraftvollen Helferlein so wichtig in meinem Leben geworden ist und mein Leben dadurch viel leichter und schöner wurde, gehe ich in diesem Kapitel noch genauer auf diese wundervolle geistige Welt ein. Zunächst einmal möchte ich dir erzählen, wer für mich die geistige Welt ist. Für mich steht Gott an der obersten Stelle und ich würde mal behaupten, dass du und jeder Mensch hier auf Erden, das genauso sieht. Es mag zwar sein, dass jemand ihn anders nennt, wie z. B. Abba, alles was ist, die große Energie und so weiter. Ganz egal, letztendlich ist es einfach diese große Energie, die alles erschaffen hat und auch diese Kraft, die in jedem Menschen, in jedem Tier, ja in allem und jedem lebt und wirkt. Bei dieser Aussage stimmst du mir bestimmt zu. Und ich würde sagen, dass solche Worte wie Maria, Jesus, Schutzengel und Heilige auch Begriffe sind, die du als Christ immer wieder gelesen oder gehört hast. Doch hast du dich wirklich damit beschäftigt? Hast du dich schon in diese geistige Welt vertieft? Kennst du z. B. diese wundervollen Erzengel? Also ich persönlich habe mich erst vor ca. zwei Jahren in dieses Wissen um die geistige Welt vertieft. Und wie du weißt, bin ich ja mit einem großen und stark machenden Glauben aufgewachsen. Also Gott, Maria, Jesus und mein Schutzengel gab es schon immer für mich und dafür bin ich auch sehr dankbar. Doch das ist nicht alles. Vor zwei Jahren durfte ich also durch meine wundervolle Freundin, die mit dieser geistigen Welt sehr stark in Verbindung ist und sich deshalb bestens damit auskennt, noch mehr von dieser lichtvollen geistigen Welt kennenlernen. Und dieses Wissen, welches ich kennenlernen durfte, möchte ich dir jetzt durch meine eigenen Worte weitergeben. Denn es ist wirklich eine sehr große Bereicherung für mein Leben.

# Engel

Zunächst einmal möchte ich dir erklären, was Engel sind. Ganz einfach ausgedrückt sind Engel Helfer oder auch Boten Gottes. Es sind kosmische Kräfte, die für das Gesetz der Anziehung verantwortlich sind. Engel sind also diejenigen die alles regeln, dass jeder das bekommt, was er bewusst oder eher unbewusst, genauer gesagt, aus Versehen ordert. Engel fragen auch nicht nach, willst du das wirklich haben? Nein, sie sagen einfach JA. Denn sie haben keinen freien Willen und sind ausschließlich dazu da, den Laden am Laufen zu halten. Sie sorgen dafür, dass die Realität mit den Träumen, Visionen oder Wünschen, die jeder einzelne Mensch so hat, verwirklicht wird. Engel sind auch für den sogenannten inneren Stups verantwortlich. Wenn du also das Gefühl hast, dringend etwas Bestimmtes tun zu müssen, z. B. jemand unbedingt jetzt anzurufen oder dir ein Geistesblitz aufkommt. Ja, dann waren das diese wundervollen Engel. Sie lenken sozusagen unsere Aufmerksamkeit entsprechend auf Dinge oder auch Situationen, mit denen wir uns gerade beschäftigen sollten. Diese „Stupser" von den Engeln sollen uns dabei helfen, das zu empfangen, wonach wir gefragt haben. Also ich finde diese Hilfe großartig und ich habe deshalb diese Engel voll und ganz in mein Leben integriert und einbezogen. Was ich noch wichtig finde, ist zu wissen, dass Engel über kein Ego verfügen. Es ist Ihnen daher auch vollkommen egal, ob du als Mensch an Engel glaubst oder nicht. Sie helfen dir immer, wenn du sie darum bittest. Und das ist ein ganz wichtiger Punkt. Die Engel wollen und müssen gebeten werden, denn sie dürfen nicht ungebeten in unser Leben eingreifen. Ausgenommen unser persönlicher Schutzengel. Doch alle anderen müssen von uns gerufen werden. Du musst also bewusst fragen, wenn du etwas haben willst. Und ganz egal was, sei es ein Auto, ein Kind, Geld, einen Partner. Frag einfach und bitte sie um Hilfe. Schon in der Bibel steht es geschrieben: „Bittet, dann wird euch gegeben." Wir Menschen bitten und fragen (meist unbewusst) ständig und genauso bekommen wir auch ständig von der geistigen Welt, den Engeln die Antwort. Doch meistens hören wir Menschen diese Antworten nicht, weil wir erstens nicht damit rechnen und zweitens, weil wir nicht darauf vorbereitet sind. Wir sind einfach nicht auf Empfang, weil wir zu viel Hektik, Lärm und Ablenkung in uns und um uns herum haben. Deshalb ist es auch sehr wichtig, immer und immer wieder bewusst in die Stille zu gehen. Innezuhalten, zuhören, lauschen und zu empfangen. Ich finde diese Zeit der Stille wirklich sehr bereichernd. Es ist wunderschön mit den Engeln und der geistigen Welt zu kommunizieren. Das geht sehr einfach. Ich rede mit den Engeln oder zu Gott, Jesus, Maria ... wie zu meinem besten Freund oder meiner besten Freundin. Und genauso reden sie auch zu mir. Probiere es aus, sag einfach: „Hallo mein Engel, danke, dass du in meinem Leben bist. Ich bitte dich, hilf mir bei meiner großen Herausforderung ..." So oder so ähnlich, könnte also so eine Kommunikation zu den Engeln, der geistigen Welt, aussehen. Ist ganz einfach, oder? Wir bitten und sie geben uns. Und das Schöne ist, wenn du an Engel und die geistige Welt glaubst, wirst du dich nie mehr alleine fühlen. Du hast immer und jederzeit jemanden an deiner Seite, der dir hilft. Wenn du also offen und empfangsbereit für diese wundervollen Kräfte und Segnungen bist, dann wirst du in ständiger Kommunikation mit den lichtvollen Helfern aus der geistigen Welt sein. Du bist in ständiger Kommunikation mit dem Kosmos. Du hast sozusagen eine Standleitung zum Universum und damit zu allen Antworten, Lösungen, jeglicher Führung und Inspiration, die du dir nur vorstellen kannst. Also ich kann es mir mittlerweile gar nicht mehr vorstellen, wie mein Leben war, ohne bewusst diese lichtvollen Helfer in meinen Alltag mit einzubeziehen. Dies macht es mir umso viel leichter, zu wissen, dass ich diese wundervollen Helfer Gottes in meinem Leben habe. Und ich mache diese göttliche Zusammenarbeit mit den Engeln ganz spielerisch und leicht. Ich schicke z. B. einen Engel, ich nenne ihn Engelsläufer, einfach im Voraus in eine gewisse Situation, die ich vielleicht als herausfordernd finde. (Prüfung, ein wichtiges Gespräch …) Dieser Engelsläufer regelt also vorab alles für mich und sorgt dafür, dass es gut wird. Hört sich gut an, oder? Und ich sage dir, es ist gut. So habe ich es schon ganz oft in meinem Leben erfahren. Und wenn du dann noch die Liebe, also die größte Kraft im ganzen Universum, dazu schickst und die Situation, den Tag oder die Person segnest, dann wird wirklich alles gut. Für mich sind diese wundervollen Tools Erleichterung pur. Ich darf abgeben und bekomme lichtvolle Unterstützung. Das ist einfach göttlich schön.

## Die gesamte geistige Welt

Es gibt nicht nur Engel, sondern auch noch Feen, Elfen, Drachen, Einhörner, Meister und vieles mehr. Doch das würde jetzt den Rahmen sprengen. Wichtig zu wissen ist, dass es solch eine geistige Welt gibt und wenn ich um Hilfe bitte, ich diese Hilfe auch empfange. Sei dir gewiss, je offener du für diese geistige Welt bist, umso mehr Informationen hierzu wirst du empfangen. Dir werden die Dinge begegnen, die du gerade brauchst. Sei es ein Buch oder eine Person, die dir noch mehr dazu erzählt. So war es auch in meinem Leben. Auf einmal lernst du etwas kennen, wovon du noch nie zuvor etwas gehört hast. Alles kommt zu seiner Zeit und genau dann, ist es auch richtig. Beispielsweise hatte ich etwas von aufsteigendem Meistern gelesen. Genau zur passenden Zeit, diese näher kennenzulernen und in mein Leben hineinzunehmen. Dadurch habe ich nun z. B. Meister Laotse an meiner Seite, der für Gelassenheit in meinem Leben sorgt. Ich habe ihm wortwörtlich einen Dauerauftrag erteilt, indem ich ihn gebeten habe, zu jeder Zeit einzugreifen, wenn Gelassenheit notwendig ist. Das Ergebnis spüre ich deutlich, denn ich bin gelassener geworden. Einfach großartig. Allein diesen Meister zu kennen brachte wieder eine enorme Leichtigkeit in mein Leben.

## Erzengel

Einen Zusatz zu den lichtvollen Helfern habe ich noch für dich. Ich habe nämlich einen ganz besonderen Bezug, ja sogar eine große Liebe zu den Erzengeln.

Aus diesem Grund kann ich dir das wundervolle Set: Die großen Erzengel-Karten von Ulrike Hinrichs sehr empfehlen. Denn falls du dich jetzt noch nicht so mit den einzelnen Erzengeln auskennst (so wie ich vor zwei Jahren), dann ist das eine gute Möglichkeit sich mit diesen 18 Helfern aus der geistigen Welt vertraut zu machen. Denn wisse, für jedes sogenannte Problem, gibt es auch den passenden Boten, also Engel dazu. Als Vergleich aus unserem Leben, sehe ich die ganze Sache so. Es gibt einen Hausarzt und es gibt einen Facharzt. Bei Augenprobleme gehe ich z. B. zu einem speziellen Facharzt, also einem Augenarzt. Und genauso ist es mit den Engeln und Erzengeln. Bezogen auf das Beispiel von vorher. Die Engel sind der Hausarzt und die Erzengel der Facharzt. Und deshalb finde ich es einfach großartig, zu wissen, welchen Erzengel ich in welcher Situation rufen kann. Also viel Spaß beim kennenlerne und vertiefen in die geistige Welt. Es lohnt sich wirklich sehr, diese kraftvollen Helfer in dein Leben einzubeziehen, denn auch dieses Wissen, diese großartige Energie und Liebe, hilft dir bei deinem Glücklichsein. Das kann ich dir aus meinem Leben so bestätigen.

Die Gelassenheit ist eine anmutige Form des Selbstbewusstseins.

Marie von Ebner-Eschenbach

# Wege zur Gelassenheit

Sich in Gelassenheit üben ist auch so ein wundervoller Schlüssel zum glücklich sein. Denn, wenn du gelassen bleibst, ist einfach alles viel leichter. Gelassenheit ist das Gegenteil von Stress. Denn Gelassenheit hilft dir in deinem Leben kluge Entscheidungen zu treffen und den Überblick zu behalten. Letztlich trägt Gelassenheit sogar zu deiner ganz persönlichen Gesundheit von Körper, Geist und Seele bei. Denn wenn Körper, Geist und Seele gesund sind, dann bist du auch glücklich. Stell dir das mal vor, wie schön es ist, wenn du immer und zu jeder Zeit gelassen sein kannst. Egal was im Außen passiert. Ganz egal, ob deine Kinder gerade kreischend herumspringen, dich dein Partner ärgert, eine Freundin dich nervt oder du bis zum Hals in einem Berg voll Arbeit steckst. Du bleibst ganz in deiner Ruhe. Ich liebe die Gelassenheit und deshalb übe ich mich täglich in meiner Gelassenheit und mache Dinge, die meine innere Gelassenheit unterstützen. Möchtest du auch gelassener werden? Na dann los. Übe dich täglich in Gelassenheit und du wirst sehen, wie du immer gelassener und gelassener wirst. Ja, du meisterst dann auf einmal Situationen, die dich noch vor Jahren oder Monaten aus der

Haut fahren ließen, mit Leichtigkeit und Ruhe. Das ist wirklich wunderbar, das kann ich dir aus meiner eigenen Erfahrung berichten. Denn glaube mir, ich war nicht immer dieser gelassene und zentrierte Mensch. Oh nein, ich hatte auch meine heftigen Zeiten, in denen ich mehr geschimpft und herum geschrien hatte, als ich sollte. Und dieses hektische und stressige in meinem Leben hat mir gar nicht gefallen und war eine sehr anstrengende Zeit für mich. Deshalb beschloss ich dann ganz bewusst, mich in Gelassenheit zu üben und ein wirklich gelassener Mensch zu sein. Ja, und dieser Entschluss veränderte wirklich mein komplettes Leben. Denn egal, was du in deinem Leben verändern möchtest das allererste und auch wichtigste, was du tun musst, ist eine bewusste Entscheidung zu treffen und diese dann auch durchzuziehen und zu tun. Denn wie erreichst du im Leben dein gesetztes Ziel? Genau, durch Lernen und Tun, Lernen und Tun, Lernen und Tun. Und das tagtäglich und dein ganzes Leben lang. Wenn du eine bewusste Entscheidung getroffen hast, dann kommen auch alle diese Dinge und Personen in dein Leben, die dich bei deiner Entscheidung und deinem gesteckten Ziel unterstützen. Und dann kommt, wie durch Zauberhand, dieses Wissen in dein Leben, das dich noch mehr in deine

Gelassenheit bringt. Sei es ein Buch, eine Person … Es kommt einfach in dein Leben, da kannst du dir wirklich sicher sein. Denn so war es auch bei mir. Ich habe mich für Gelassenheit entschieden und habe das mit meiner wundervollen Freundin besprochen. Diese gab mir dann den Tipp, einfach mal in die Stadt zu gehen und offen zu sein für alles, was mich in meiner Gelassenheit unterstützt. Und das habe ich dann auch gleich gemacht und ich war offen. Was soll ich sagen, es funktioniert. Wenn du offen bist, dann findest du auch das, was dir in diesem Moment hilft. Und so ging ich schließlich mit zwei Büchern, passenden Ölen und einem Fläschchen Bachblüten zufrieden nach Hause. Alles hat mich wirklich in meiner Gelassenheit unterstützt. Falls du dich noch mehr in dieses Thema vertiefen möchtest, kann ich dir das wundervolle Buch von Sabine Asgodom, 12 Schlüssel zu Gelassenheit, sehr empfehlen. Und ich weiß jetzt auch, dass Lavendel und Blutorange sehr gute Öle zu Unterstützung für deine Gelassenheit sind. Ebenfalls hab ich gelernt, dass es wundervolle Bachblüten Essenzen für deine Gelassenheit gibt und sogar passende Tees.

Ich hatte also vor circa sieben Jahren diese Hektik, dieses Herumschreien und Austicken wirklich satt. Und deshalb fasste ich den Entschluss, ein gelassener Mensch zu sein und das bin ich jetzt, mehr den je. Natürlich gibt es Situationen, in denen ich auch heute noch mal kurz herumschreie und austicke. Das ist menschlich, dass man seinem Ärger mal Luft macht. Doch es sind nur noch wenige Ausnahmen und ich kann heute in vielen Situationen ruhig bleiben, in den ich vor Jahren noch richtig ausgetickt wäre. Das bestätigte mir vor kurzem erst wieder mein lieber Mann, als er in einer sehr herausfordernden Situation zu mir sagte: „Wow, du hast dich in deiner Gelassenheit echt 70 % gesteigert." Das hat mir sehr gutgetan und bestätigte mir wieder einmal, dass es gut war, dass ich an meiner Gelassenheit gearbeitet habe. Ich bin wirklich stolz und glücklich, dass ich ein recht gelassener Mensch bin. Denn diese Gelassenheit bringt so viel Leichtigkeit in mein Leben. Der Entschluss, ein gelassener Mensch zu sein, hat mich also zu einem gelassenen Menschen gemacht. Und auch heute, nach sieben Jahren, mache ich täglich etwas für meine Gelassenheit und das lohnt sich wirklich sehr.

Da ich Gelassenheit so wichtig für ein glückliches Leben finde, erzähle ich dir, wie auch du es schaffst, zu einem gelassenen Menschen zu werden. Denke immer daran, am wichtigsten ist das TUN. Also übe dich fleißig in diesen wertvollen Tipps. Zuerst entscheidest du bewusst, ein gelassener Mensch zu sein.

Also los geht's. Sprich hierzu die folgenden drei Sätze laut und selbstbewusst. Verankere somit deine Gelassenheit in DIR. Sei dir gewiss, mit jedem ausgesprochenen Satz wird noch mehr Gelassenheit in dein Leben kommen.

## Entscheidung zur Gelassenheit

1. Ich **bin** ein **gelassener Mensch.**
2. Ich **bin** ein **gelassener Mensch.**
3. Ich **bin** ein **gelassener Mensch.**

Prima, der erste Schritt für deine Gelassenheit ist bereits getan. Du hast jetzt bewusst die Entscheidung getroffen, ein gelassener Mensch zu sein. Und damit sich diese Sätze so richtig schön in dir verankern können, ist es wichtig, dass du diese Sätze immer und immer wieder laut sprichst. Hierzu schreibst du dir diesen Satz am besten auf einen Zettel oder gerne auch auf mehrere und klebst diese an Stellen, an denen du mehrmals täglich vorübergehst. Zum Beispiel an alle Spiegel, an den Kühlschrank, an die Haustüre und so weiter. Je mehr du an deine neue Entscheidung erinnert wirst, umso besser. Und falls du dich jetzt wunderst, warum ich geschrieben habe: „Ich BIN ein gelassener Mensch", obwohl du das noch gar nicht bist, dann möchte ich dir diese Aussage doch noch ein wenig genauer erläutern. Wenn wir etwas erreichen oder sein möchten, ist es enorm wichtig, dass wir es so aussprechen, wie wenn es schon so ist, wie wir es uns wünschen. Deshalb schreiben wir solche Sätze dann auch in der Gegenwart und so, wie wenn wir unser Ziel bereits erreicht haben. Ich bin ein gelassener Mensch. Das hört sich doch viel besser und kraftvoller an als, ich möchte (vielleicht, eventuell) ein gelassener Mensch sein. Habe ich recht? Super, dein erster Schritt, deine bewusste Entscheidung, ein gelassener Mensch zu sein, ist getan und vollbracht. Gehen wir noch eine Stufe weiter.

## Öffnung zur Gelassenheit

1. Lade dir ganz bewusst, alles zur Zielerreichung ein. In diesem Fall, alles was dich zu einem gelassenen Menschen macht.

2. Stelle dich aufrecht hin und strecke beide Arme nach oben.

3. Sprich folgende zwei Sätze am besten laut:

   **Ich bin offen und aufnahmebereit für alles, was mich in meiner Gelassenheit unterstützt.**

   **Alles hierzu darf jetzt in mein wundervolles Leben fliesen.**

4. Mach diese kraftvolle Übung mehrmals täglich, dreimal hintereinander. Wiederholung ist der goldene Weg zum Erfolg.

5. Schreibe dir auch diese zwei Sätze auf Zettel und klebe diese zu den aufgehängten Zetteln dazu.

Diese beiden täglichen Übungen verändern wirklich dein komplettes Leben. Auf diese Art und Weise kannst du übrigens jedes dir selbst gesetzte Ziel erreichen. Doch in diesem Kapitel geht es ja um Gelassenheit.

# Yoga

Eine Dritte und sehr effektive Sache für mehr Gelassenheit in deinem Leben ist für mich Yoga. Denn das habe ich selbst so in meinem Leben erfahren, dass Yoga sehr zu Gelassenheit beiträgt. Aus diesem Grund mache ich auch täglich mindestens drei bis vier Yoga Übungen. Am besten ist es, wenn du diese Übungen, so wie ich, direkt nach dem Aufstehen machst. Denn dann startest du gleich ganz gelassen und gestärkt in den Tag. Diese Übungen, die ich jeden Tag mache sind: Der Baum, Krieger 1, 2 und 3 und am Schluss Shavasana, also Entspannung. Gerade diese letzte Übung, die Entspannung, ist so wichtig für die Ruhe in dir. Einfach nur da liegen, einfach nur sein und die Ruhe in sich und um sich spüren. Danach startest du sehr entspannt und gleichzeitig auch gestärkt in den Tag und bist bereit, alle Herausforderungen des Tages mit Leichtigkeit und Ruhe zu bewältigen. Denn wer innehält, erhält inneren Halt. Also ich kann mir ein Leben ohne dieses Morgenritual mit diesen kraftvollen Übungen gar nicht mehr vorstellen. Denn sie tun mir so gut und bringen mich in eine ganz relaxte Stimmung. Probiere es aus, es lohnt sich wirklich sehr. Falls du jetzt nicht weißt, wie du diese Yogaübungen praktizieren sollst, gib einfach z. B. bei youtube die oben genannten Übungen in die Suchleiste ein, wie z. B. „Yoga Krieger 1". Da ist bestimmt was für dich dabei.

## Eine gute Erdung

Genauso wichtig, wie die Yogaübungen finde ich meine morgendliche, tägliche Chakren-Reinigung und meine Erdung. Denn eine gute Erdung macht dich einfach standhaft und auch diese tiefe und feste Verbindung zu der Erde macht dich gelassen. Eine gute und sehr leichte Übung für deine Erdung, ist zum Beispiel, wenn du in die Hocke gehst und sozusagen mit deinen Füßen und Handflächen den Boden berührst. Oder du stehst schulterbreit hin und stellst dir vor, dass aus deinen Füßen, wie bei einem Baum, goldene Wurzeln bis tief in die Mitte der Erde hinein wachsen. Diese Übung zur Erdung wird noch verstärkt, wenn du sagst: „Ich bin dankbar, dass ich vollkommen geerdet bin" oder „ich bin dankbar für meine Erdung." Und dann halte inne und spüre die Tiefe Verbindung zu Mutter Erde. Spüre diese Kraft. Spüre diese Ruhe. Wenn es dir wichtig ist, dass du den ganzen Tag gut geerdet bist, tut es dir sehr gut, wenn du in Gedanken „goldene Stiefel" anziehst. Somit bist du den ganzen Tag und in jeder Situation gut geerdet. Das tut mir besonders an sehr anstrengenden Tagen sehr gut.

Natürlich gibt es noch viele weitere Arten und Übungen, wie du dich gut „erden" kannst. Ich habe dir hier die Besten aus meiner Erfahrung gezeigt, weil es sehr schnelle und leichte Übungen sind, um sich schnell zu erden. Und Leichtigkeit und schnelle Ergebnisse sind im turbulenten und oft schweren Alltag doch immer gut. Habe ich recht?

Was dich auf jeden Fall ebenfalls sehr gut erdet und zur Ruhe bringt, ist der Aufenthalt in der Natur. Also Spaziergänge im schönen Grün oder in Wäldern. Barfuß durch die Wiesen laufen, sich an einen Baum lehnen, Gartenarbeit, also richtiges arbeiten mit der Erde. Dies sind wundervolle Dinge, die dich erden und somit zur Ruhe und Gelassenheit bringen. Gerade in stressigen Zeiten sind solche Rituale zur Erdung enorm wichtig. Denn gut geerdet und somit auch gut verwurzelt, überstehst du viel leichter einen Sturm. Dies stelle ich mir zum Beispiel bei meiner täglichen Yogaübung mit dem Baum vor. Wenn ich da so stehe, stelle ich mir vor, dass ich wie ein Baum, fest verwurzelt bin und egal, was im

Außen ist, ich standhaft und ruhig bleiben kann. Eben wie ein fest verwurzelter Baum, bei einem starken Sturm. Es kann schon sein, dass dieser Baum sich bei einem heftigen Sturm mal ein bisschen hin und her bewegt. Doch das bringt ihn nicht aus seiner Ruhe, denn er weiß ja, dass er gut verwurzelt ist. Wenn ich diese Übung mache, dann spüre ich diese starke Verwurzelung, diese Kraft und Ruhe auch in mir selbst. Ich bleibe ruhig und voller Kraft, denn ich weiß, dass ich gut verwurzelt bin. Und dieses Wissen macht mich gelassen, stark und gleichzeitig ruhig, egal was passiert.

Achtsamkeit und Balance sind aus meiner Sicht zwei weitere, essenzielle Bausteine zur Gelassenheit.


## Achtsamkeit

Eine wichtige Voraussetzung für Achtsamkeit ist dabei unsere eigene Wahrnehmung. Die äußere Wahrnehmung nehmen wir über unsere Sinne wahr. Die innere Wahrnehmung über unsere Gedanken und Gefühle. Vor allem die Achtsamkeit ist sehr bedeutsam für unsere Gelassenheit. Es bedeutet vor allem, dass ich behutsam mit mir selbst und meinem Körper umgehe. Doch, nicht nur mit dem Körper. Achtsamkeit bedeutet vor allem auch, gut mit Körper, Geist und Seele umzugehen. Denn wenn ich schaue, dass es mir auf diesen drei Ebenen gut geht, dann fühle ich mich auch als Mensch gut. Und wenn ich mich gut fühle, dann bin ich gesund und zufrieden. Und diese Zufriedenheit gibt enorme Gelassenheit. Wenn ich achtsam mit mir selber umgehe, dann achte ich auch auf meine Gefühle und Bedürfnisse. Ich schaue, was tut mir gut und was tut mir nicht gut. Was brauche ich oder was brauche ich gerade nicht.

## Hör mal genau in dich hinein

1. Was brauchst du?

2. Was tut dir gut?

3. Was bringt dich noch mehr in deine Gelassenheit, in deine Ruhe?

Vielleicht brauchst du einfach mal eine Auszeit, um wieder gelassen zu werden. Dann mach diese notwendige Auszeit auch. Oder dir tut es gut, wenn du einen passenden Edelstein oder eine Figur zur Unterstützung für deine Gelassenheit hast. Dann kauf es einfach. Hör da auch auf deine innere Stimme. Denn du weißt in jeder Lebenslage am allerbesten, was gut für dich ist. Habe Vertrauen in DICH, denn Achtsamkeit beginnt vor allem bei DIR.

## Stille und eine bewusste Atmung

Eine gute Achtsamkeitsübung ist Stille, sowie das bewusste und langsame Atmen. Begib dich hierzu einfach an einen ruhigen Ort. Bringe dich in eine bequeme Haltung und atme zunächst dreimal tief ein und aus. Lass dabei einfach los. Dann beruhige deinen Atem und lass ihn einfach ruhig fließen. Genieße einfach diese herrliche Ruhe. Jetzt kommen deine Sinne zum Einsatz:

### 1. Was hörst du?

Vielleicht hörst du gerade einen Vogel zwitschern. Oder du hörst ein Auto vorbeifahren. Lausche einfach mal.

### 2. Was siehst du?

Vielleicht entdeckst du auch etwas, was du sonst noch gar nicht in diesem Raum wahrgenommen hast. Schau dich einmal ganz bewusst um.

### 3. Was riechst du?

Vielleicht steht gerade eine schöne Blume in deinem Raum, die du jetzt ganz bewusst riechst und wahrnimmst.

### 4. Was fühlst du?

Genauer gesagt, welche Gefühle zeigen sich dir? Fühlst du dich traurig oder fröhlich?

Kein bewerten und kein urteilen. Du bist lediglich ein Beobachter. Einfach nur wahrnehmen und annehmen. Es ist, wie es ist. Und so, wie es jetzt ist, darf es auch sein. Und auch du, bist gut, so wie du bist. Und auch das ist gut so. Fühle bei dieser Übung der Achtsamkeit einfach in dich hinein, wie lange du in dieser Ruhe sein möchtest. Manchmal genügend schon ein paar Minuten, einfach mal so zwischendurch. In unserem oft stressigen Tagesablauf ist diese Übung zwischendurch wirklich sehr hilfreich und wohltuend, ja sogar kraftspendend. Und wenn du etwas mehr Zeit und Muße hast, ist es mega kraftspenden, diese Übung etwas länger, also eine halbe Stunde oder sogar eine Stunde zu machen.

Denn Zeitlosigkeit, also einfach die Zeit fließen zu lassen und nicht die ganze Zeit auf die Uhr zu schauen, trägt definitiv auch zu deiner Gelassenheit bei. Beides ist wertvoll und gut. Kurz und knackig oder lang und ruhig. Probiere es einfach aus und integriere beides in deinen Alltag. Ich bin mir sicher, dass regelmäßiges meditieren und einfach mal zur Ruhe kommen, sehr zu deiner Gelassenheit beiträgt.

## Balance

Ein weiterer wichtiger Baustein für deine Gelassenheit ist Balance. Balance zwischen nichts Tun und viel Tun. Faulenzen oder auch harte Arbeit kann schön sein. Doch erfüllt dich tagelanges Faulenzen wirklich? Tut dir tagelanges, hartes Arbeiten gut? Wichtig ist, dass du das richtige Maß findest. Mach eine gute Mischung zwischen nichts Tun und viel Tun. Denn alles, was uns aus unserem Gleichgewicht bringt, beeinflusst unsere Lebensfreude.

Es ist wichtig, dass dein Leben abwechslungsreich ist. Um in Balance zu sein, ist es notwendig, dass du selbst flexibel und beweglich bleibst. Denn Stress ist gerade das Gegenteil von „in Balance" sein. Es ist also vor allen

Dingen ganz wichtig, dass wir ein gewisses Gleichgewicht halten können und das richtige Maß in unserem „Tun" und „Nichtstun" finden. Ein Gleichgewicht vor allem zwischen Anspannung und Entspannung. Ein Gleichgewicht zwischen Ernst und Spiel. Ein Gleichgewicht zwischen positiven und negativen Stress. Ein Gleichgewicht zwischen Herausforderung und Routine. Und so weiter und so weiter. Du verstehst, was ich meine. Einfach Balance in deinem gesamten Leben. Ich nehme, bei dieser Vorstellung zur Balance, gerne die Waage als Symbol. Eine Waage ist immer ein wenig in Bewegung. Doch wenn das Gewicht auf beiden Seiten gleich groß, also ausgeglichen ist, dann schwebt sie schön in ihrer Mitte. Dann hat sie das richtige Maß und ist in Balance. Auch wir, kommen durch das richtige Maß, durch die gleich große Verteilung von unserem Tun und Nichtstun in unsere Mitte. Und somit in Balance. Im Alltag ist es deshalb wichtig, dass du dich immer wieder in Balance übst. Wenn du zum Beispiel also gerade eine sehr anstrengende körperliche Arbeit verrichtet hast, dann machst du hinterher eine bewusste Pause zum Erholen und neue Energie tanken. Leg dich einfach mal zehn Minuten oder auch gerne 30 Minuten hin. Ruhe dich aus und tue einfach mal nichts. Danach kannst du wieder frisch gestärkt an deine Arbeit gehen. Baue dir diesen Wechsel ganz bewusst in deinen Alltag ein und beobachte dich, wie du dich dabei fühlst. Aus eigener Erfahrung kann ich dir berichten, dass es sich auf jeden Fall positiv auf dein Leben auswirken wird, wenn du in Balance bist. Du wirst bestimmt merken, dass du durch das richtige Maß viel energiereicher bist. Und definitiv trägt Balance zur Gelassenheit bei.

Als Abschluss zum Thema Gelassenheit gebe ich dir jetzt mein Turbowerkzeug für mehr Gelassenheit in die Hand. Das sind positive Affirmationen zur Gelassenheit. Durch das regelmäßige Sprechen solch positiver Sätze, pflanzt du sozusagen diese Worte in dein Unterbewusstsein ein. Deine Gelassenheit wird dadurch viel schneller in dir verwurzelt. Das hört sich doch gut an, oder? Also los geht's:

## Affirmationen für deine Gelassenheit

1. Ich bin ganz ruhig und gelassen, wie ein Tibeter.

2. In jeder Zelle und Pore spüre ich meine Gelassenheit.

3. Mein Atem strömt ruhig und gleichmäßig.

4. Mein Körper ist angenehm und ruhig.

5. Egal, was im Außen ist, ich bleibe in meiner Ruhe, wie ein fest verwurzelter Baum.

6. Ich bin fest verwurzelt in jeder Situation.

7. Ruhig und gelassen löse ich alle Herausforderungen meines Lebens.

Ich finde, alleine schon beim Lesen dieser wundervollen Worte, spürt man, wie Ruhe einkehrt. Sage diese Sätze oder auch gerne deine eigenen Kreationen, die für dich Gelassenheit bedeuten, so oft wie möglich und am besten laut. Denn durch das regelmäßige und laute Sprechen gelangen die Worte noch viel leichter und schneller in dein Unterbewusstsein. Wenn du diese Übung noch effektiver und kraftvoller machen möchtest, dann sagst du diese Affirmationen ganz selbstbewusst und mit einem Lächeln im Gesicht vor einem Spiegel. Ja, Sätze haben eine enorme Kraft und können viel in unserem Leben bewirken. Nutze diese Kraft dieser positiven Affirmationen und integriere sie ganz bewusst in dein Leben ein. Und denke immer daran: „Das Leben ist zu schön,

um sich über Dinge, Personen, Situationen aufzuregen!"
Egal was gestern passiert ist, heute ist ein neuer Tag.
Und heute und zu jeder Zeit, kannst du dich für Ruhe,
Freude und Gelassenheit entscheiden.

Als letzter Tipp für deine Gelassenheit fällt mir noch das
wundervolle Gebet von Friedrich Oettinger ein. Denn
auch dieses hat mir sehr geholfen.

## Gebet zur Gelassenheit

Herr, gib mir die Gelassenheit, Dinge hinzunehmen, die
ich nicht ändern kann. Den Mut Dinge zu ändern, die ich
ändern kann. Und die Weisheit, das eine von dem anderen zu unterscheiden.

Gelassenheit ist für mich ein herrliches und sehr zufrie-
denstellendes Lebensgefühl. Mit Gelassenheit überste-
hen wir einfach jede Lebenslage leichter. Und gerade
bei stressigen und herausfordernden Zeiten ist es enorm
wichtig, einen kühlen Kopf zu bewahren und ruhig zu
bleiben. Aus diesem Grund kann ich dich sehr ermutigen, alles zu tun, was dich noch mehr in deine Gelassenheit bringt. Denn Gelassenheit trägt definitiv zu ei-

nem glücklichen und leichten Leben bei. Also los, worauf wartest du noch? Übe dich täglich in deiner Gelassenheit und werde auch du zu einem gelassen und glücklichen Menschen. Du weißt ja, je gelassener du bist, umso leichter wird es in deinem Leben werden. Viel Spaß bei deiner Gelassenheit.

Was du liebst, lass frei. Kommt es zurück, gehört es dir für immer.

Konfuzius

# Loslassen

Im Laufe des Lebens sammeln wir unzählige Dinge und auch Erfahrungen an, die uns dann auf die eine oder andere Art belasten. Wir spüren diese Belastung oft körperlich, also mit körperlichen Anzeichen wie zum Beispiel heftige Kopfschmerzen, Rückenschmerzen, Magenschmerzen oder sogar Magengeschwüre und vieles mehr. Und ganz oft spüren wir solche Belastungen auf psychischer Ebene, also als Seelenschmerzen, die sich dann oft mit Traurigkeit, Abgeschlagenheit bis hin zu Depressionen und Burn-out zeigen. Ja, bei solchen heftigen Auswirkungen wachen wir Menschen dann oft auf und lassen uns wortwörtlich fallen. Wir lassen los und befreien uns endlich mal von der zu großen Last, die wir uns im Laufe unseres Lebens aufgeladen haben. Du erinnerst dich bestimmt an das Kapitel: Probleme sind Geschenke. Ja, definitiv helfen uns Probleme beim Loslassen. Das habe ich selbst so bei meinem heftigen Bandscheibenvorfall 2011 erfahren. Ich lag wirklich tagelang in Schonhaltung auf dem Boden. Ja, ich hatte Kinder zu versorgen, ich hatte sogar noch ein fünf Monate altes Baby, das versorgt werden wollte. Doch ich musste loslassen, mein Körper zwang mich dazu und das war auch gut so. Ich habe einfach mal alles losgelassen, weil ich gar keine andere Wahl hatte. Ich habe endlich mal meine große Familienverantwortung losgelassen, die ich mir im Laufe der Jahre auferlegt habe, und durfte einfach auch mal wieder klein und schwach sein. Ich finde, manchmal braucht man auch diese Rolle. Einfach mal nicht die Verantwortung für alles tragen zu müssen.

Geht es DIR nicht auch manchmal so, dass du denkst: Ohne MICH läuft hier wohl nichts? Mir ging es 2011 ebenso. Mein Mann war den ganzen Tag und oft bis spät abends beim Arbeiten und ich war alleine zu Hause und hatte zwei Kinder zu versorgen. Klar waren diese zwei Kinder ein Herzenswunsch von mir und ich war auch wirklich glücklich darüber, zwei gesunde Kinder zu haben. Doch es gibt auch viel Arbeit und du rutschst so automatisch selbst in den Hintergrund. Wenn du schon Kinder hast, weißt du, wovon ich rede. Es geschieht einfach ganz nebenbei, dass du dich und deine eigenen Bedürfnisse nicht mehr wahrnimmst. Und wenn es dann alles zu heftig und zu viel für dich, deine Seele und deinen Körper wird, dann muss irgendetwas geschehen, damit du aufwachst und endlich mal loslassen kannst. In meinem Fall war es dieser wirklich heftige Bandscheibenvorfall. Ich hatte keine Wahl, ich musste loslassen.

Und das war letztendlich mein großes Geschenk vom Leben an mich. Denn dieser Bandscheibenvorfall brachte mich wieder zu mir selbst. Er brachte mir meine Selbstliebe, er brachte mir Zeit nur für mich, er brachte mir meine ganz eigene Persönlichkeitsentwicklung. Ich musste loslassen und ging trotz meiner zwei kleinen Kinder drei Wochen in eine ambulante Reha Klinik. Dadurch wurde ich wieder gesund. Ich wurde körperlich und auch seelisch wieder gesund. Ich bekam viele gute körperliche Anwendungen, ich machte endlich wieder richtig Sport und spürte meinen Körper. Und ich hatte zwischen den Anwendungen einfach auch mal wieder richtig Zeit nur für MICH. Einfach mal wieder in Ruhe und ganz alleine einen Kaffee trinken, ein Buch lesen oder einen gemütlichen Spaziergang machen. Ja, ich glaube gerade diese „Zeit nur für mich haben", war so sehr heilend. Ob du es glaubst oder nicht, ich bin heute noch meinem heftigen Bandscheibenvorfall sehr dankbar. Ja, auch heftigen Zeiten darf man dankbar sein, denn sie helfen uns bei diesem so notwendigen Loslassen. Diese Tiefs entrümpeln oft unser ganzes Leben und bringen uns in eine ganz andere Lebenshaltung und Lebenseinstellung.

Du siehst durch das Beispiel von meinem Bandscheibenvorfall, dass solche heftigen Erfahrungen letztendlich
wirklich beim Loslassen helfen. In Wirklichkeit sind sogar richtige Geschenke darin verborgen. Auch, wenn wir
das im ersten Moment natürlich nicht so sehen und erkennen. Deshalb jetzt die Frage an dich:

## Wo hast DU losgelassen?

1. Wo hattest DU schon mal eine heftige Situation in
   deinem Leben?

2. Was hat sich dadurch alles zum Positiven gewandelt?

3. Was hast DU endlich losgelassen?

Ganz sicher erkennst du jetzt, wie wichtig so eine heftige Erfahrung für dich war. Dieses Tief hat dir bei deinem
Loslassen geholfen und dir ganz sicher ein Geschenk
mitgebracht. Frage an dich:

### Welches Geschenk hat es dir mitgebracht?

Ja, es ist wirklich sinnvoll, sich über solche Dinge Gedanken zu machen. Denn im Nachhinein und mit etwas

Abstand, sieht man einfach so manches klarer. Im Nachhinein kann man vielleicht doch das ein oder andere Geschenk erkennen. Habe ich recht? Ich bin mir ziemlich sicher, dass du es siehst. Und wenn nicht sofort, dann vielleicht morgen, nächste Woche oder auch erst in ein paar Jahren. Doch irgendwann kommt ganz sicher dieser Moment, wo du ganz eindeutig sagen kannst: Ich bin dankbar, dass ich diese heftige Erfahrung hatte. Ich bin dankbar, dass ich endlich mal losgelassen habe. Ich bin dankbar, dass ich aufgewacht bin. Du weißt ja, Probleme sind Geschenke. Und Probleme helfen dir wirklich sehr bei deinem ganz persönlichen Loslassen.

## Vergebung

Ein weiterer sehr wichtiger Punkt beim Loslassen ist für mich die Vergebung. Anderen und auch sich selbst zu vergeben macht frei und glücklich. Durch Vergebung tust du dir selbst und anderen gut, da du dich von dem schweren Rucksack Schuld befreist. Denn Schuld mit sich rum zu tragen macht auf Dauer wirklich unglücklich und krank. Und Vergebung bedeutet jetzt nicht, dass du gutheißt, was dir widerfahren ist. Vergebung bedeutet nur, dass du deinen Frieden mit Personen oder gewissen Situationen machst und diese Schuld und die damit verbundenen Gefühle loslässt.

Ganz wichtig ist außerdem, dass du dich selbst bei der Vergebung auch mit einbeziehst. Ganz oft sind wir nämlich in Wahrheit nicht auf einen anderen sauer, sondern auf uns selbst. Denn alles in deinem Leben ist ein Spiegel von dir. Vergebung sich selbst gegenüber ist wirklich auch ein großer Ausdruck von Selbstliebe. Ich vergebe mir selbst und nehme mich so an, wie ich bin. Gott vergibt uns immer, also dürfen auch wir uns selbst und allen anderen vergeben. Es ist sogar sehr wichtig, dass wir das machen, denn die Schuld von sich und anderen auf sich zu Laden, ist sehr belastend und macht auf Dauer unsere Seele und unseren Körper krank. Und wenn die Seele krank ist, können wir nicht glücklich sein. Das ist einfach so.

Da ich mich vor ein paar Jahren selbst mit Vergebung beschäftigt habe, möchte ich dir dieses wundervolle hawaiianische Ritual mit auf deinen Weg geben. Denn für mich ist dieses kraftvolle Vergebungsritual namens Ho'oponopono das wertvollste und wirksamste, das ich kenne.

# Hawaiianisches Vergebungsritual

1. Ich liebe dich.
2. Es tut mir leid.
3. Bitte verzeihe mir.
4. Danke.

Es sind vier kurze Sätze mit großer Wirkung. Sinnvoll ist es, wenn du jeweils nach dem Satz immer den entsprechenden Namen der Person einsetzt, der du gerade vergibst (das kann auch dein eigener Name sein) also zum Beispiel:

1. Ich liebe dich, Sonja.
2. Es tut mir leid, Sonja.
3. Bitte verzeihe mir, Sonja.
4. Danke, Sonja.

Diese vier Sätze helfen so schnell und einfach bei Vergebung und bei dem so notwendigen Loslassen von belastenden Situationen.

Wenn wir um Vergebung und Verzeihung bitten, möchten wir, dass belastende Gedanken und Erinnerungen der Vergangenheit korrigiert werden.

Mit dem Satz, **ich liebe dich**, aktivieren wir die größte und stärkste Kraft des Universums. Was wir lieben, können wir nicht hassen. Und durch Liebe entsteht einfach Heilung auf allen Ebenen.

Mit dem Wort **Danke** setze ich den Prozess der Transformation, also der Verwandlung in Gange. Denn Dankbarkeit ist das beste und gleichzeitig kürzeste Gebet, das es gibt. Dieses einfache Wort ändert dein komplettes Leben. Dieses so wertvolle Wort bedeutet tiefe Reinigung.

Sicher fällt auch dir gleich eine Person oder Situation ein, die nach Vergebung ruft. Also probiere gleich mal dieses kraftvolle, hawaiianische Vergebungsritual aus. Du weißt ja, Vergebung macht frei und glücklich.


## Wie außen so innen

Und auch Dinge, Gegenstände loszulassen, ist sehr wichtig. Es hilft dir, dich von dem Ballast zu lösen und deine Seele zu befreien. Ja, du hast richtig gelesen, es hilft dir deine Seele zu befreien. Du fragst dich jetzt vielleicht, was haben Gegenstände mit meiner Seele zu tun? Na ganz einfach. Wie außen so innen. Wenn du dich also im außen in einem Chaos befindest, sieht es in deinem Inneren nicht viel anders aus. Ich weiß, diese Aussage ist sehr interessant und so mancher wird jetzt vielleicht sagen, okay … jetzt ist mir alles klar. Verstehst du nun, warum es total wichtig ist, auch Gegenstände und Dinge, die sich so in deinem Haushalt die letzten Jahre angesammelt haben, loszulassen? Also, höchste Zeit fürs Ausmisten würde ich sagen. Und mach da ruhig groß Reine. Gehe in jedes Zimmer und ziehe jede Schublade auf und vor allem, miste mal wieder großzügig deinen Kleiderschrank aus. Sich von alten Dingen zu trennen befreit sehr, das kann ich dir aus meiner eigenen Erfahrungen so berichten. Du fühlst dich einfach wieder viel wohler, wenn du nur noch die Dinge in deiner Wohnung oder deinem Haus hast, die dir auch wirklich gefallen. Gerade beim Kleiderschrank finde ich dieses Ausmisten so notwendig. Denn es ist richtig schön, wenn im Schrank einfach nur das hängt, was dir noch wirklich gefällt und vor allem auch passt.

Da ich schon ein richtiger Profi im Ausmisten und Loslassen bin, habe ich dir ein paar Kriterien zusammengestellt, die dir bei deinem Ausmisten helfen werden.

## Fünf Kriterien für dein Ausmisten

1. Gefällt dir dieser Gegenstand, diese Kleidung noch?

2. Fühlst du dich noch wohl damit? (Ja, fühl mal richtig rein)

3. Bringt dir dieser Gegenstand noch was?

4. Würde dir dieser Gegenstand oder diese Kleidung fehlen, wenn er oder es nicht mehr da wäre?

5. Ist die Erinnerung an diesen Gegenstand positiv oder eher negativ?

Wenn du bei den meisten Fragen ein Nein hast, ist das eine klare Sache. Weg damit. Du kannst dich bei dieser Auswahl vor allem auch auf dein Gefühl verlassen, denn das ist ein klarer Hinweis. Also bei JA und einen schönen Gefühl, behalten. Bei einem NEIN und eher schlechten Gefühl, weg damit. Und gerade auch die Erinnerung an einen Gegenstand, ist bei deiner Auswahl sehr maßgebend. Denn positive Erinnerungen liefern uns positive Energie und negative Erinnerungen liefern und negative Energien. Und sei ganz ehrlich und fühle in die folgenden Aussagen hinein:

Frage dich, wo fühlst du dich wohler bzw. wo kannst du effektiver und konzentrierte arbeiten?

1. In einem völlig überfüllten Raum mit großem Chaos?

2. Oder in einem sauberen und aufgeräumten (normale Ordnung nicht steril) Raum?

3. An einem Schreibtisch mit viel Chaos?

4. Oder an einem übersichtlichen und aufgeräumten Schreibtisch?

Ich glaube die Antworten fallen eindeutig aus und wir sind uns beide einig. Wir fühlen uns in einem sauberen und aufgeräumt Raum wohler und wir können definitiv an einem aufgeräumten Schreibtisch konzentrierter arbeiten. Und wenn es im Außen geordnet und schön ist, dann fühlt sich auch dein Inneres gut an. Deine Seele freut sich, du fühlst dich gut und bist glücklich. Ich finde, das ist wirklich ein großartiger Grund für das Aufräumen und Ausmisten. Also los ran an die Schränke und raus mit den alten Sachen. Befreie dich und fühl dich gut.

## Was du liebst, das lass frei

Und auch von dem, „ich brauche unbedingt" loszulassen ist so sehr befreiend und glückspendend. Denn mache dir immer bewusst, dass du nichts und niemanden brauchst, um glücklich zu sein. Wahres Glück findest du niemals im Außen, sondern immer nur in dir. Glück fängt bei dir selbst an.

Auch Wünsche müssen manchmal losgelassen werden. Das beschreibt ein wundervoller Satz von Konfuzius sehr passend: Was du LIEBST, das lass FREI. Wenn es dann zu dir zurückkommt, GEHÖRT es dir für alle ZEITEN. Wenn es nicht wiederkommt, hat es dir NIE gehört.

Ja, lass los, damit du beide Hände frei hast. Lass los, damit das von dir erwartete auf diesen Weg zu dir kommen kann, wie das Leben es sich für dich ausgedacht hat und nicht wie du es dir für dich ausgemalt hast. Wir Menschen verbauen uns ganz oft durch unsere eigenen Vorstellungen und Planungen unser Leben. Es wäre viel wichtiger und auch besser die Dinge mal loszulassen und einfach geschehen zu lassen. Denn wichtig ist nicht die Frage: Wie erreiche ich meinen Wunsch oder mein gesetztes Ziel? Wichtig ist die Frage: Warum habe ich diesen Wunsch, genauer gesagt, warum möchte ich dieses gesteckte Ziel erreichen? Denn wenn das Warum stark genug ist, kommt das wie von selbst. Emotionale und materielle Unabhängigkeit ist das, was man den „Wunsch loslassen" nennt. Und wenn wir Menschen dann einfach mal unseren Wunsch oder auch unsere Erwartungen loslassen, dann können auch diese großen und kleinen Wunder eintreten. Durch dieses notwendige Loslassen nehmen wir sozusagen den Druck und die Schwere aus der ganzen Sache heraus. Dieses Phänomen erleben wir ganz oft bei Paaren, die sich sehnlichst ein Kind wünschen und es einfach nicht klappen soll. Erst wenn sie Ihren oft schon jahrelangen unerfüllten Kinderwunsch loslassen, bekommen sie doch noch ein Kind. So war es auch bei Bekannten von mir. Die beiden wollten einfach noch ein drittes Kind und erst als sie diesen Wunsch aufgegeben und losgelassen haben, geschah das Wunder. Die Frau begann also wieder zu arbeiten und ein paar Monate später, war sie schwanger. Ja, solche Geschichten gibt es bestimmt viele. Definitiv hilft uns das Loslassen beim Glücklichsein.

## Du kannst loslassen

Und wenn du jetzt denkst, das hört sich leicht an, aber in der Realität sieht alles viel anders und schwerer aus.

Dann verstehe ich dich zwar, doch ich kann dir auch versichern, dass du in deinem Leben immer wieder bewiesen hast, dass du loslassen kannst. Loslassen ist ein Prozess und gehört zu unserem Leben dazu. Gehen wir ganz an den Anfang unseres Lebens zurück. Bei unserer Geburt musste unsere Mutter uns loslassen, damit wir überhaupt geboren werden konnten. Und nun erinnere dich an deinen ersten Zahn und an jeden weiteren. Du musstest den Zahn loslassen, ihn herausfallen lassen, damit ein neuer Zahn kommen konnte. Jetzt denke mal an deine Kindergartenzeit zurück. Du musstest auch diese Kindergartenzeit loslassen, damit du zum Schulkind werden konntest. Und irgendwann hast du die Schulzeit hinter dir gelassen, du hast sie wieder losgelassen und bist in das Arbeitsleben eingetreten. Deine Eltern haben dich losgelassen, du hast deine Eltern losgelassen und dadurch bist du ein erwachsener und selbstständiger Mensch geworden.

Loslassen zieht sich durch dein ganzes Leben. Und wie du siehst, hast du es schon oft geschafft loszulassen, also wirst du es auch wieder schaffen. Denn ohne Dinge oder Menschen loszulassen, gibt es keine Veränderung in unserem Leben. Und sei mal ehrlich, ohne diese Veränderung und dieses Wachstum wäre das Leben doch ein wenig langweilig und fad. Habe ich recht?

## Loslassen ist wichtig

Ein Blick in die Natur veranschaulicht das uns sehr deutlich. Die Natur verändert sich ständig und lässt los. Es verändert sich ständig alles und nichts bleibt, wie es einmal war. Schau doch mal in die Natur, die vier Jahreszeiten zeigen uns deutlich auf, wie wichtig Veränderung und Loslassen ist. Wenn zum Beispiel der Baum im Herbst seine Blätter nicht loslässt, können im Frühling keine neuen Blätter hervorkommen. Loslassen ist wichtig für die Natur und genauso wichtig für uns Menschen. Bevor also eine Veränderung eintreten kann, muss davor immer losgelassen werden. Das ist einfach so. Es ist also der Prozess des Loslassens, der uns zur Veränderung führt. Veränderungen sind neue Chancen, sie öffnen dir neue Wege in ein glückliches und erfolgreiches Leben. Lass los und verändere dich, es lohnt sich.

Meine Erfahrung zeigt mir ganz deutlich auf, dass dieses Loslassen in unserem Alltag wichtig und sogar notwendig ist. Einfach zwischendurch alles stehen und liegen lassen und einfach nur durchatmen. Alle Aufgaben und Arbeiten loslassen und mal nur innehalten und den Ballast abwerfen. Dies finde ich vor allen Dingen an stressigen Tagen enorm wichtig. Denn diese notwendigen Pausen geben uns dann wieder Energie für den Tag und die anfallenden Aufgaben. Immer wieder zwischendurch die Zeit loslassen, also richtig zeitlos sein, ist so sehr befreiend und glückspendend. Mach zum Beispiel an einem Wochenende mal einen Zeitlos-Tag. Leg die Uhr auf die Seite und mache nur das, was du möchtest. Bleibe zum Beispiel einfach mal, wie die Kinder, so lange im Schlafanzug, wie du möchtest. Iss, wann du willst. Genieße ganz zeitlos dein wunderschönes Leben. Du wirst diese Zeitlosigkeit lieben. Das kann ich dir aus meiner eigenen Erfahrung sagen.

Gerade auch in Situationen, die wir nicht ändern können, ist dieses Loslassen so wichtig. Manche Dinge, wie zum Beispiel einen Stau, eine Krankheit, können wir selbst nicht beeinflussen. Deshalb ist es wichtig, dass wir diese Situation dann auch so annehmen und das Beste daraus machen. Wenn du zum Beispiel in einem Stau steckst, könntest du anstatt dich darüber aufzuregen einfach diese Zeit positiv nutzen. Du kannst zum Beispiel im Falle eines Staus mit deinem Handy mal wieder deine beste Freundin oder deinen besten Freund anrufen. Du kannst positive Affirmationen sprechen zum Beispiel zur Selbstliebe. Du kannst dir auf deinem Handy einen positiven Podcast oder ein schönes Hörbuch anhören. Denn es ist nicht maßgebend, was dir passiert. Wichtig ist, was du daraus machst. Auch, wenn du dir zum Beispiel im Skiurlaub gleich am ersten Tag dein Bein brichst. Mach das Beste daraus. Aufregen bringt sowieso keine Lösung. Vielleicht bringt dich dieser Unfall wieder zu deiner so notwendigen Ruhe. Vielleicht ist dieses Ausruhen wichtig für dich, deinen Körper und deine Seele. Nutze die Zeit positiv. Lies zum Beispiel ein schönes Buch, hör ein aufbauendes Hörbuch oder genieße das Nichtstun. Denn dies loszulassen, was du jetzt sowieso nicht ändern kannst, ist befreiend und erleichternd. Loslassen trägt absolut zum Glücklichsein bei.

Mir persönlich hilft auch der Glaube an Gott und die gesamte geistige Welt sehr bei meinem Loslassen. Es gibt mir Kraft und Halt, zu wissen, dass da etwas Größeres ist und mir bei allen meinen Anliegen, die ich vorbringe, hilft. Doch über die Kraft des Glaubens haben wir in einem vergangenen Kapitel ausführlich geredet. Mir ist an dieser Stelle nur wichtig, dass ein guter Glaube auch sehr beim Loslassen hilft.

Die Vergangenheit loslassen, sich von Dingen befreien, die einen unnötig belasten. Ballast abwerfen, annehmen was nicht zu ändern ist und der Glaube an Gott, sind für mich wichtige Punkte, die mich in meinem ganz persönlichen Glücklichsein unterstützen. Für mich ist daher loslassen ein großer Schlüssel zum Glücklichsein.

Auch beim Schreiben meines Buches habe ich ganz oft erfahren, dass es wichtig ist, loszulassen. Wenn ich mir zum Beispiel in Gedanken schon am Abend vorher ausgemalt habe, dass ich am nächsten Morgen über Mut schreiben wollte, konnte es dann sein, dass am anderen Morgen ganz andere Gedanken und Worte, zum Beispiel zum Thema Glauben, in mir waren. Also ließ ich die Idee von gestern los und machte mich frei für die Ideen zum Thema Glauben. Und siehe da, ich konnte seitenlange Texte zum Glauben schreiben. So ist es doch ganz oft in unserem Leben. Wir planen und planen und dann kommt es doch ganz anders. Und das ist auch gut so. Dann lassen wir einfach alles los. Denn gerade fürs Glücklichsein ist dieses Loslassen so wichtig. Denn durch das Loslassen kann uns das Glück auf seine Art und Weise erreichen. Und dies ist oftmals noch viel schöner, als wir es uns in unseren Gedanken ausmalen können. Auch dies habe ich so schon ganz oft in meinem Leben erfahren. Also, lass los und sei bereit für dein glückliches und erfülltes Leben.

Das Leben ist zu aufregend, als dass man gemütlich darin herumsitzen dürfte.

Peter Bamm

# Energie gewinnt

Wer denkst du, kommt schneller an sein Ziel? Die Person, die wenig Energie hat, oder die Person die viel Energie hat? Und was denkst du über glückliche Menschen? Haben glückliche Menschen viel oder wenig Energie? Und wie verhält es sich bei gesunden Menschen? Haben gesunde Menschen viel oder wenig Energie? Kennst du schon die Gemeinsamkeit von diesen Menschen? Ja, genau, sie alle haben gemeinsam, dass sie voller Energie sind. Und das ist auch genau der Grund, warum ich dir dieses Kapitel hier schreibe. Denn Energie ist einfach ein sehr wichtiger Aspekt in dem Leben eines jeden Menschen und vor allem eines glücklichen Menschen. Egal, was für ein Alter du hast, welchen Beruf du gerade ausübst, ob du dich gerade sportlich betätigst, egal ob du gerade im Urlaub bist oder voll in der Arbeit steckst. Energie gewinnt, das ist einfach so. Ein Verhandlungsgespräch verdeutlicht uns anschaulich diese Aussage. Wenn beispielsweise zwei Menschen eine Verhandlung miteinander führen, beide gleichwertige Argumente vorbringen können, ist es eine klare Sache. Derjenige, der mehr Energie, also mehr Power hat, gewinnt die Gesprächsverhandlung. Klar, oder? Und genauso verhält es sich immer im Leben. Der Mensch, der mehr Energie, mehr Power hat, kommt schneller ans Ziel. Du siehst also, wie wichtig es ist, viel Energie zu haben. Denn ich glaube, jeder Mensch möchte gerne gesund, glücklich und voller Energie sein. Und jeder Mensch möchte seine gesteckten Ziele mit einer gewissen Leichtigkeit erreichen. Habe ich recht? Also ich kann dir wirklich bestätigen, dass es richtig wichtig ist, dass du voller Energie bist. Mit viel Energie erreichst du definitiv leichter und auch fröhlicher deine Ziele. Mit viel Energie läuft dein ganzes Leben einfach besser. Du bist zu Höchstleistungen fähig, du könntest Bäume ausreißen, so fit fühlst du dich. Ja, definitiv beflügelt Energie dein komplettes Leben. Um es noch genauer auszudrücken, alles im Leben ist Energie. Die Farbe ist Energie, die Musik ist Energie, deine Gedanken und Gefühle sind Energie, Gerüche sind Energie, deine Nahrung ist Energie. Einfach alles ist Energie. Ja, und auch du bestehst aus Energie.

## Fragen zur Energie

1. Wann bist du mutiger und selbstbewusster in deinem Leben? Wenn du total müde und ausgelaugt

bist oder wenn du richtig fit und voller Energie bist?

2. Welchen Arbeitnehmer würdest du lieber einstellen? Eine Person, die voller Energie ist, oder eine total müde und energielose Person? Wer gewinnt in einem Tennismatch wohl eher? Die Person mit viel Energie oder die Person mit wenig Energie?

3. Wer hat es im Leben leichter? Die Person mit viel Energie oder mit wenig Energie?

Du kennst die Antwort auf alle Fragen. Es ist eine ganz klare Sache. Energie gewinnt. Diese Aussage können wir sogar in der Tierwelt beobachten. Wenn zum Beispiel eine körperlich schwächere Antilope von einem starken Löwen gejagt wird, gewinnt diese Antilope trotzdem, weil sie einfach viel mehr Energie hat. Sie kann mit mehr Energie dem Löwen davonlaufen und somit bleibt der starke Löwe trotzdem hungrig. Wenn der Löwe dauerhaft hungrig bleibt, sinkt seine Energie. Er wird immer energieloser. Und früher oder später wird er sogar sterben. Alles, was nicht genug Energie hat, stirbt ab. Es ist einfach total wichtig, dass du immer genügend Energie hast und auch immer dafür sorgst, genügend Energie zu haben.

## Was gibt uns Energie?

Ein wichtiger Punkt für unseren Energiehaushalt ist auf jeden Fall unsere Ernährung. Also das Essen und Trinken, das du deinem Körper zufügst. Logisch, oder? Denn nur das, was in unserem Körper drinnen ist, kann auch aus unserem Körper herauskommen. Füge also deinem Körper hauptsächlich nur solche Lebensmittel zu, die dir und deinem Körper mehr Energie geben. Energie raubende Lebensmittel solltest du wirklich nur in ganz geringen Mengen oder am besten gar nicht zu dir nehmen.

Kommen wir also nun zu DIR:

1. Kennst du energiereiche Lebensmittel?

2. Ernährst du dich schon Energie-gewinnend?

3. Machst du täglich Dinge, die deinem Körper Energie geben?

Also gut, steigern wir dein Energielevel weiter.

# Energetische Ernährungstipps

1. Damit du immer und zu jeder Zeit viel Energie zur Verfügung hast, ist es wichtig, dass du dich gesund und vor allem ballaststoffreich ernährst.
Ballaststoffe nehmen Kohlenhydrate in die Blutbahn auf. Dadurch erhält der Körper schneller mehr Energie.

2. Es ist wichtig, dass du den Tag mit einem nährstoffreichen Frühstück startest.
Dein Frühstück versorgt deinen Körper mit Energie für den Tag und treibt zudem deinen Stoffwechsel an.

3. Nimm täglich und vor allem immer wieder zwischendurch Nüsse und Trockenfrüchte zu dir.
Sie sind hochwertige Energielieferanten und verbessern deine geistige sowie körperliche Leistungsfähigkeit. Zusätzlich beugen sie Müdigkeit vor.

4. Iss täglich viel frisches Obst
Es liefert schnelle Energie und viele wichtige Vitamine. Dadurch tankt dein Körper Energie. Vor allem die vitamin- und mineralstoffreiche Banane ist ein

sehr großer Energiebringer. Doch auch Trauben, Mango, Ananas sowie Blaubeeren sind echte Kraftpakete für unseren Organismus.

## 5. Nimm täglich frisches Gemüse zu dir

Frisches Gemüse liefert uns viele wichtige Vitamine und Mineralien, die unseren Körper fit halten. Gerade der Grünkohl ist da ein sehr nährstoffreiches Gemüse. Und auch die rote Beete steht da ganz oben. Sie gehört zu den sehr energiereichen Nahrungsmittel.

## 6. Iss Haferflocken

Haferflocken quellen im Darm, fördern die Verdauung, nehmen belastende Giftstoffe auf und transportieren sie ab. Außerdem bremsen die Fasern durch ihr Volumen den Appetit für Stunden. Du fühlst dich satt, jedoch nicht übersättigt. Hafer nimmt also den Hungerstress und gibt unserem Körper Energie. Wer mal eine Alternative zu Haferflocken möchte, darf gerne zu Quinoa greifen. Denn hierbei handelt es sich um ein sehr energiereiches Nahrungsmittel. Aus beidem lässt sich ganz leicht ein richtig energiereiches Müsli machen.

## 7. Iss Eier

Eier stecken voller Energie und gehören daher auf jeden Fall auf unsere Liste der energiespendenden Lebensmittel.

## 8. Nimm regelmäßig Naturjoghurt zu dir

Denn Naturjoghurt hilft dem Darm. Eine der häufigsten Gründe für Abgeschlagenheit: Die Darmflora ist nicht in Ordnung. Naturjoghurt hilft, weil es die guten Bakterien im Darm stärkt.

## 9. Iss regelmäßig Lachs

Lachs treibt den Stoffwechsel an und liefert uns die wichtigen Omega-3-Fettsäuren. Nutze deshalb regelmäßig Lachs als super Energielieferanten.

## 10. Nimm mageres Fleisch zu dir

Mageres Fleisch liefert viel Eiweiß und hilft somit beim Muskelaufbau.

## 11. Verwende Kokosöl

Die in Kokosöl enthaltenen Kohlenhydrate und die gesunden Fettsäuren liefern gesunde Energie, die insbesondere bei körperlicher und mentaler Erschöpfung sehr wichtig sind.

## 12. Trink viel reines Wasser

Da wir über die Nacht dehydrieren und dem Körper keine Flüssigkeit zu geführt wird, ist es sehr wichtig, dass wir gleich nach dem Aufstehen Wasser trinken. Am besten gleich nach dem Aufstehen ein Glas lauwarmes Wasser trinken. Dein ganzer Körper besteht aus 80 Prozent Wasser, also ist es auch klar, dass du deinem Körper dieses Wasser auch von außen zu führst. Es ist enorm wichtig, dass du über den ganzen Tag verteilt viel Wasser trinkst. Bei normaler körperlicher Tätigkeit sind zwei Liter Wasser großartig. Trink am besten Ingwerwasser. Denn Ingwer ist ein absolutes Powerfood. Er stärkt das Immunsystem, wirkt durchblutungsfördernd, aufputschend und stimulierend. Also ein absoluter Muntermacher. Ingwerwasser ist ganz einfach herzustellen. Hierzu nimmst du ein etwa zwei Zentimeter großes Ingwerstück, schälst es und schneidest es in feine Scheiben. Diese überbrühst du mit kochendem Wasser und lässt es ca. 10 bis 20 Minuten oder auch länger ziehen. Fertig ist dein Energiegetränk. Schmeckt übrigens warm und kalt gut. Wenn du möchtest, kannst du noch ein Spritzer Zitrone hinzufügen, das macht zusätzlich noch munter.

## 13. Verwende wenig oder besser noch keinen weißen Industrie Zucker

Wer langfristig auf Zucker verzichtet, wird insgesamt energiereicher, frischer, produktiver, motivierter und gesünder. Ja, so sieht die Wahrheit aus. Denke daran, dass der weiße Industriezucker sehr gut ersetzt werden kann durch beispielsweise Kokosblütenzucker oder Honig. Honig ist darüber hinaus ein sehr gesundes Süßungsmittel und sogar eine gesundheitsfördernde Nascherei für zwischendurch. Kommt mal der Hunger für Süßes auf, dann iss Bitterschokolade. Denn Bitterschokolade, die mehr als 60 % Kakao enthält, liefert viel Energie und verbessert auch den Gemütszustand.

## 14. Vermeide Genussmittel

Der Missbrauch von Genussmittel beeinträchtigt deinen Organismus negativ und lässt dein Energielevel unaufhörlich sinken.

Die folgenden Energiebooster helfen dir, neben einer gesunden und energiereichen Ernährung, dein ganz persönliches Energielevel in neue Höhen zu pushen:

# Energiebooster

### 1. Schlafe ausreichend und erholsam

Achte darauf, mindestens sieben bis acht Stunden Schlaf zu bekommen.

### 2. Betreibe regelmäßig Sport

Körperliche Betätigung unterstützt das Herz-Kreislauf-System, stärkt die Knochen und macht den Körper stark sowie den Geist ausgeglichen. Außerdem setzt Bewegung Endorphine frei. Diese versorgen den Körper ganz natürlich mit Kraft und Energie.

### 3. Sorge für viele positive Emotionen

Deine emotionale Gesundheit spielt eine wichtige Rolle, wenn du fit und energiereich sein möchtest. Kümmere dich also neben deinem Körper auch um deine Seele. Nimm dir ab und zu eine Auszeit nur für dich selbst. Finde heraus, welche Technik dir hilft, mit Stress umzugehen. Mir zum Beispiel hilft da sehr Yoga, Meditation oder einfach mal ein paar Tiefe Atemzüge zwischendurch. Verbringe auf jeden Fall immer wieder Zeit im Grünen. Genieße die frische Luft bei einem Spaziergang durch den Park,

Wald oder am Strand. Sei einfach ganz DU. Mach regelmäßig Dinge, die dir Spaß machen und die dein Herz vor Freude jubeln lässt. Wie wäre es mit singen, tanzen, einem Instrument oder mal wieder ein schönes Buch lesen? Probiere es einfach aus und schaue, was dich glücklich macht und dir Energie gibt.

### 4. Verleihe deinem Gefühl Ausdruck

Angestaute Emotionen sind ungesund und können dich auf Dauer krank machen. Lass deshalb deine Emotionen fließen. Versuche, die Dinge mit etwas mehr Leichtigkeit zu betrachten. Und nimm nicht immer alles so ernst. Alles in deinem Leben darf leicht gehen. Fokussiere dich vor allem auf die positiven Aspekte in deinem Leben und auf das, was dir gelingt.

### 5. Triff dich mit positiven Menschen

Verbringe Zeit mit den Menschen, die du liebst und die dir wirklich wichtig sind. Triff dich vor allen Dingen mit aufbauenden Menschen, mit denen du lachen kannst. Denn solche positiven Kontakte geben dir Kraft und Energie.

### 6. Verbessere deine Beziehung mit dir selber

Akzeptiere dich so, wie du bist! Du verdienst es, dich zu lieben. Schenke dir selbst diese Liebe, die du dir schon immer in deinem Leben gewünscht hast (erinnere dich an das Kapitel mit der Selbstliebe). Baue ein gutes Selbstwertgefühl auf und setze die notwendigen Grenzen.

### 7. Mache Dinge, die dein Herz zum Jubeln bringen und von denen du weißt, dass sie gut für dich sind

Wenn du eine Balance zwischen Körper, Geist und Seele herstellst, wird sich das auf jeden Fall positiv auf dein Energielevel auswirken. Wenn es dir rundum gut geht, dann hast du auch wieder mehr Energie für neue Abenteuer und Herausforderungen.

## Tipps für die Turboenergiegewinnung

### 1. Sorge für ausreichend Sauerstoffzufuhr

Atme dreimal bewusst am offenen Fenster tief ein und aus. Effektiver ist, wenn du eine Runde ums Haus läufst und dabei ganz bewusst tief ein und aus atmest. Das flutet deine Lungen mit Sauerstoff und gibt dir einen absoluten Frischekick. Achte allgemein immer auf frische Luft in deiner Wohnung und Lüfte daher regelmäßig.

## 2. Nimm eine aufrechte Körperhaltung ein

Unsere Körperhaltung beeinflusst unsere Stimmung. Umgekehrt natürlich auch. Wenn du also mehr Energie brauchst, dann richte Dich auf, strecke deinen Rücken durch und dehne dich mal zu allen Seiten. Hebe den Kopf und lass die Schultern sinken. Du merkst sofort wie sich mehr Entschlossenheit und Energie in dir breitmacht. Probiere es gleich mal aus.

## 3. Schwelge in Vorfreude

Denke an schöne Dinge, die du in nächster Zeit noch vor vorhast. Zum Beispiel an ein schönes Treffen mit einer Freundin einem Freund, an deinen Urlaub am Meer und so weiter. Vorfreude bringt definitiv gute Laune und mehr Energie.

## 4. Erfrische dich mit kaltem Wasser

Hierzu am besten mit deinen Händen kaltes Wasser ins Gesicht schaufeln oder auch gerne im Sommer zur Abkühlung auf Puls, Ellenbeugen und Nacken geben. Oder für ganz hart gesottene eine kalte Dusche. Das kalte Wasser regt die Durchblutung an, hilft einen klaren Kopf zu bekommen und gibt wieder frische Energie.

## 5. Lass dir die Sonne ins Gesicht strahlen

Die Sonne ist ein absoluter Energiebringer. Hülle dich ein in diese wundervolle und kraftvolle Energie und speichere diese Energie in jeder Zelle deines Körpers. Das Sonnenlicht setzt in deinem Körper Vitamin D frei, welches sofort als natürliches Antidepressivum deine Stimmung hebt. Ich persönlich bin ja ein richtiger Sonnenverehrer und kann diese Aussage absolut bestätigen.

## 6. Lache so viel, wie du atmen kannst

Lachen ist eine absolute Frischekur für Körper, Geist und Seele. Es setzt Glückshormone frei, bekämpft Stress und schenkt dir jede Menge Energie. Es lohnt sich also, wenn du dir etwas Lustiges ansiehst, beidem du so richtig herzhaft lachen kannst. Genauso positiv ist es, wenn du einfach ohne Grund ein paar Mal herzhaft lachst. Solche Übungen lernst du zum Beispiel beim Lach-Yoga, das ich dir auch sehr empfehlen kann. Ja, Lachen ist die beste Medizin, auch zur Energiegewinnung.

## 7. Hör dir deine Lieblingsmusik an und tanze ein paar Runden

Die richtige Musik versetzt unseren Körper sofort in Bewegung. Mach dir das zunutze, indem du zwischendurch immer wieder richtige Stimmungsmusik auflegst und somit dein Energielevel nach oben treibst.

## 8. Powernap

Ein kurzer Mittagsschlaf, der auf jeden Fall nur 10 bis 20 Minuten betragen sollte, kann beispielsweise deine kognitiven Fähigkeiten, deine Kreativität und dein Erinnerungsvermögen verbessern und schenkt dir neue Energie.

## 9. Schnupper dich fit

Auch unser Geruchssinn trägt zur Steigerung unseres Energielevels bei. Rieche hierzu ganz bewusst an einer Orange oder Zitrone. Du kannst dir diese erfrischende Wirkung zunutze machen, indem du eine Duftlampe mit ätherischen Ölen in deinem Zimmer aufstellst. Vor allem Zitrone, Orange und auch Rosmarin, Basilikum und Pfefferminz machen dich im Handumdrehen fit. Für Hartgesottene: Beiße in eine Zitrone, denn da bist du sofort hellwach und voller Energie.

## 10. Fokussiere dich aufs Positive

Wenn du dich hauptsächlich auf das Positive konzentrierst, auf das, was gut läuft und was dir gut gelingt, dann kannst du daraus auch sehr viel Energie gewinnen.

## 11. Knete deine Ohren

Entlang unserer Ohren verlaufen wichtige Energiebahnen, die wir stimulieren können, indem wir den Rand unserer Ohren vom Ohrläppchen bis nach oben eine gute Minute kräftig mit Daumen und Zeigefinger durchkneten. Das belebt und bringt die Durchblutung in Schwung!

## 12. Als Abschluss noch ein persönliches Spezial Tipp von mir: Wenn du die vielen praktischen Tipps in den einzelnen Kapiteln in meinem wundervollen Buch befolgst, bist du automatisch und ganz leicht nebenbei voller Energie.

Zur Optimierung deines ganz persönlichen Energielevel ist es auch hilfreich, selbst zu überlegen, was dir Energie bringt.

1. Was treibt deine Energie in die Höhe?

2. Was gibt dir Kraft und Power?

3. Was könntest du für ein höheres Energielevel ganz leicht in deinen Alltag integrieren?

Ich sorge zum Beispiel jeden Tag dafür, dass ich den ganzen Tag über viel Energie zur Verfügung habe. Hierfür starte ich mit einem großen Glas Wasser in den Tag. Dann mache ich ein Energie-bringendes Morgen-Ritual mit kleiner Fitnesseinheit wie zum Beispiel Yoga, Liegestützen, Mental-Arbeit, Dankbarkeit und so weiter. Denn diese Energie und diese positive Stimmung nehme ich in den ganzen Tag hinein. Danach esse ich ein nährstoffreiches Frühstück mit frischem Obst, Trockenfrüchten, Nüssen, einer Feige und Datteln. Manchmal esse ich auch noch einen Haferflockenquark oder eine Scheibe Reiswaffel dazu. Dieses Frühstück gibt Kraft und schmeckt auch noch gut. Außerdem helfen mir kraftvolle Sätze wie: „Energie gewinnt" (dabei die Hand nach oben ausstrecken und mit der Faust nach oben schlagen) oder „ich bin eine krasse, klasse Energiemaschine." Diese „Powersätze" habe ich übrigens auf einem wundervollen Seminar von Damian Richter kennengelernt. Diesen wundervollen Coach und seine kraftvollen Seminare kann ich dir sehr ans Herz legen und empfehlen. Definitiv bringen auch solche Power-Seminare Energie.

Viele dieser wundervollen Tipps zur Energiegewinnung führe ich so in meinem Leben aus und deshalb kann ich dich dazu ermutigen, diese wertvollen Tipps in Deinen Alltag zu integrieren. Denn ich bin dadurch ein sehr energiereicher Mensch geworden. Definitiv kann ich diese Aussage bestätigen: Energie gewinnt.

Mit Energie bist du einfach richtig fit, fühlst Dich gut und bist rundum glücklich. Sorge also für ein konstant hohes Energielevel. Komm in deine volle Kraft und in deine volle Power. Sei glücklich und lebe dein Leben in Leichtigkeit und Freude. Mach einfach alles, was deinem Körper, deinen Geist und deiner Seele guttut. Und unternimm alles, was deinem Körper noch mehr Energie gibt. Ganz egal, was es ist, mach es einfach. Du weißt, was am besten für dich ist und wie du in deine volle Energie kommst. Viele Anregungen und Tipps dazu hast du ja jetzt. Und denke immer daran: Energie gewinnt und hilft dir sogar beim Glücklichsein.

*Welch eine himmlische Empfindung ist es, seinem Herzen zu folgen.*

Johann Wolfgang von Goethe

# Hör auf dein Herz

Hör auf dein Herz, es kennt deinen Weg. Diesen wundervollen Satz hast du auch bestimmt schon mehrmals gehört oder gelesen. Doch was heißt dieser Satz? Und lebst du vor allen Dingen diesen Satz? Die meisten Menschen leben diesen Satz nicht. Sie haben es durch das zu starke auf den Verstand hören verlernt. Als Erwachsener entwickelst du leider ein kopflastiges Vernunftsdenken, das dich dann oft von deinem ganz persönlichen Herzensweg abhält. Außerdem hören wir viel zu viel auf andere und halten deren Meinung für wichtig. Hinzu kommen noch unsere eigenen Gedanken und unsere negativen Glaubenssätze: „Du kannst das nicht, lass die Finger davon, so was macht man nicht, was bildest du dir denn ein und so weiter." Ja und solche inneren Glaubenssätze verhindern dann wirklich, dass wir unseren Herzen folgen. Schmeiß solche blöden Gedanken, solche falschen Glaubenssätze über Bord, bringe deinen Verstand zum Schweigen und folge deinem Herzen. Denn wenn du deinem Herzen folgst, dann wirst du auch immer glücklicher werden. Dein Herz kennt deinen Weg und führt dich richtig durch dein Leben. Als wir noch ein kleines Kind waren, sind wir wirklich unserem Herzen gefolgt. Wir waren noch frei von allen

Normen und Regeln und haben einfach das gemacht, was uns Spaß machte. Wir haben mit Puppen oder Autos gespielt, wir haben gesungen, getanzt, sind gehüpft und vieles mehr. Wir haben einfach gemacht, wonach uns gerade war. Unser Herz hat uns gesagt, was gut für uns ist. Wir waren wirklich glücklich und zufrieden, weil wir auf die Stimme unseres Herzens gehört haben. Wir sind zur Freundin gegangen, wenn wir mit Freunden zusammen sein wollten und weil uns unsere Freunde glücklich machen. Wir haben einfach aus tiefstem Herzen heraus entschieden, was wir machen wollen und haben es dann auch getan. Das war der Grund für unsere Glückseligkeit.

## Und jetzt ein paar Fragen an dich:

1. Wann hast du das letzte Mal aus deinem Herzen heraus entschieden?

2. War diese Entscheidung gut?

3. Was hast du nur mit dem Verstand entschieden?

4. War diese Entscheidung gut?

Bestimmt war die Entscheidung, die du aus deinem Herzen heraus entschieden hast, gut und richtig. Ja, es sind oft diese Entscheidungen, die wir einfach so aus unserem Bauch heraus entscheiden. Es sind diese Entscheidungen, die sich einfach gut und richtig anfühlen. In solch einem Fall folgen wir wirklich unserem Herzen. Es gibt kein Wenn und Aber, es ist einfach ganz klar. Ich folge dem Impuls aus meinem Herzen und mache zum Beispiel eine Weltreise oder ich gehe nach Afrika und helfe armen Kindern. Ich mache es, egal was die anderen darüber denken. Egal, wie viele negative Meinungen ich dazu höre. Ich bleibe meinem Herzen und mir treu und gehe den Weg, der für meine Seele und mich der richtige ist.

Und damit du ab jetzt wirklich deinem Herzen folgen kannst, pflanzen wir jetzt einen passenden Affirmationssatz in dein Unterbewusstsein.

## Affirmation zum HERZENHÖREN

1. Ich Sonja (dein Name) bin bereit, auf mein Herz zu hören und der Stimme meiner Seele zu folgen.

2. Ich Sonja (dein Name) bin bereit, auf mein Herz zu hören und der Stimme meiner Seele zu folgen.

3. Ich Sonja (dein Name) bin bereit, auf mein Herz zu hören und der Stimme meiner Seele zu folgen.

Wundervoll, der Samen für dein „HERZENHÖREN" ist eingepflanzt. Und wenn du immer und zu jeder Zeit auf dein Herz hörst, dann brauchst du dir auch nicht ständig irgendwelche Ziele zu setzen. Wenn du auf dein Herz hörst, dann wirst du einfach sicher und richtig durch dein Leben geführt. Damit es dir noch leichter gelingt, die Stimme deines Herzens wahrzunehmen und du ein richtiger Profi im HERZENHÖREN wirst, habe ich dir ein paar Punkte zusammengestellt.

## Du folgst deinem Herzen

1. Du folgst deinem Herzen, wenn es sich gut anfühlt.

2. Du folgst deinem Herzen, wenn es leicht geht.

3. Du folgst deinem Herzen, wenn dein Herz vor Freude jubelt und Purzelbäume schlägt.

4. Du folgst deinem Herzen, wenn vermehrt liebevolle Menschen in dein Leben kommen.

5. Du folgst deinem Herzen, wenn dein Leben eine runde Sache ist und du dich an Leib und Seele gut fühlst.

Und wenn du jetzt vielleicht bemerkst, dass du doch noch nicht so sehr auf dein Herz hörst. Dann kann ich dir gerne Nachhilfe im „HERZENHÖREN" geben.

## Die Stimme deines Herzens wahrnehmen

1. Gehe ab jetzt täglich ganz bewusst in die Stille.

2. Schalte dabei wirklich alle Störquellen ab, also kein Radio, kein Fernseher, kein Social Media.

3. Sei jetzt ganz bei dir.

4. Bringe deinen Verstand zum Schweigen und lass deine Gedanken einfach wie Wolken vorüberziehen.

5. Höre und fühle, was dir dein Herz zu sagen hat.
Wenn du möchtest, kannst du dein Herz auch ganz bewusst fragen: „Liebes Herz, was möchtest du mir sagen!" Und dann lausche.

Das Lauschen in dich kann ich dir sehr empfehlen, denn dein Herz hat dir wirklich sooooooooooo viel zu erzählen. Dein Herz möchte dir vielleicht sagen: „Lieber Mensch, du bist gut, so wie du bist und das, was du machst, ist großartig." Dein Herz möchte dir sagen: „Mach Dinge, auch wenn andere Menschen dir davon abraten. Mach Dinge, auch wenn andere sagen, das kannst du nicht oder wie willst auch du das schaffen." Höre, gerade bei solchen negativen Aussagen im Außen, ganz bewusst auf dein Herz. Denn dein Herz flüstert dir zu: „Du schaffst alles, was du wirklich schaffen möchtest. Du erreichst alles, was du erreichen willst. Du bist großartig, wie du bist." „Und lieber Mensch, wenn du auf mich, dein Herz hörst, wenn du dabei ein gutes Gefühl hast, wenn du eine Sache von Herzen gerne machst, dann mache es auch. Denn sei dir gewiss, dann kommt es von ganzem Herzen, dass du das machen sollst, was du tun möchtest." Und wenn du deinem Herzen folgst, dann tun sich alle Türen auf, die du für deine Zielerreichung benötigst. Dies kann ich dir aus meinen Erfahrungen im Leben bestätigen. Gerade auch beim Schreiben meines Buches, habe ich dies so erfahren, dass es wichtig ist, auf sein Herz zu hören. Denn glaube mir, beim Buch schreiben hängen wirklich auch viele

Emotionen dran, an die ich am Anfang ehrlich gesagt gar nicht dran gedacht hatte. Und auf einmal sind diese inneren negativen Worte und Bedenken da. Ja, auch mir kamen immer wieder solche Gedanken wie: „Wie willst du ein Buch schreiben, du kannst kein 10-Finger-System und überhaupt hast du „null" Computerkenntnisse." Ich war immer wieder frustriert und es gab wirklich Monate, ja sogar Jahre, in denen ich nichts schreiben konnte. Doch immer wieder flüstere mir mein Herz zu: „Du bist gut, so wie du bist. Schreib dein Buch auf deine Art und Weise und bleibe dir selbst treu, deine Seele und ich, helfen dir beim Schreiben." Immer wieder und nach jedem Tief hörte ich diese Worte: „Schreibe dein Buch, du schaffst das." Heute bin ich froh und dankbar, dass ich meinem Herzen, meinem Seelenruf, gefolgt bin. Ich habe mein Buch geschrieben, ich bekam diese Hilfe, die ich benötigte und ich lernte diese Fähigkeiten, die dazu notwendig waren. Und je mehr ich auf mein Herz gehört habe und einfach geschrieben habe, umso leiser wurden diese negativen Worte in meinem Kopf. Ich bin meinem Herzen gefolgt und es fühlt sich einfach gut an. Das Schreiben machte mir Spaß und erfüllte mich sehr. Ich bin so glücklich, dass ich meinen inneren Kritiker zum Schweigen gebracht habe und meinem

Herzen gefolgt bin. Und das ist letztendlich der Grund, dass ich durch mein Buch vielen Menschen in ihrem Leben helfen kann. Du liebe Leserin, lieber Leser, machst mich glücklich, dass du meine Herzens-Botschaft zum Glücklichsein gelesen hast. Ich bin meinem Herzen gefolgt und es war gut und richtig so. Deshalb nun ganz bewusst die Aufforderung an dich. Folge deinem Herzen, es kennt deinen Weg. Mach das, was du von Herzen gerne tun möchtest, auch wenn Zweifel oder Ängste aufkommen. Du schaffst das, daran glaube ich ganz fest.

Denn dieser wundervolle Satz von Irina Rauthmann spricht die Wahrheit: „Wohin dich dein Herz ruft, darin liegt auch deine Aufgabe."

Wenn du dich aus DEINEM Herzen heraus entscheidest, dann ist es auch der richtige WEG für DICH. Wenn du dich von DEINEM HERZEN führen lässt, dann folgst DU deinem SEELENPLAN. Hör auf dein Herz. Folge deiner Seele und sei einfach glücklich.

*Am Ende wird alles gut werden, und wenn es noch nicht gut ist, dann ist es noch nicht das Ende.*

Oscar Wilde

# Schlusswort

Mein lieber Leser, meine liebe Leserin. Wir sind also nun am Ende von meinem Buch angelangt. Ich gratuliere dir für dein großartiges Durchhaltevermögen und sage Danke für das Lesen meiner so wertvollen Zeilen. Du hast dein Leben jetzt also wirklich selbst in die Hand genommen und hast dir dein ganz eigenes Glück geschmiedet. Bleib dabei und beherzige meine Tipps wirklich ein Leben lang, dann ist dir dein persönliches glückliches Leben garantiert. Daran glaube ich ganz fest, denn ich lebe selbst mehrere Jahre so und bin ein richtig fröhlicher und glücklicher Mensch.

Was ich DIR noch als kleine Zusammenfassung mit auf deinen Lebensweg geben möchte.

Liebe Dich so, wie du bist. Sei offen und bereit für all die wundervollen Geschenke, die das Leben dir geben möchte.

Alles, was dir in deinem Leben begegnet, hat einen ganz bestimmten Sinn und eine ganz bestimmte Aufgabe für DICH. Nimm dein Leben an, wie es kommt und denke immer daran, es gibt immer einen Weg und eine passende Lösung.

Manchmal ist es auch wichtig einen Schritt zurückzumachen, um dann wieder leichter voranzukommen.

Wenn du vor einem Berg von Aufgaben stehst, ist es wichtig, dass du deine Arbeit in kleine Portionen aufteilst. Somit wird der Berg zu vielen kleinen Maulwurfshügel, über die du dann ganz locker und leicht darüber hüpfen kannst. (Das ist meine persönliche Arbeitsstrategie, da mir so ein großer Berg immer Angst gemacht hat.)

Deine eigenen Gedanken sind der Maßstab für dein eigenes Leben. Deshalb denke stets positiv und lösungsorientiert. Konzentriere dich also ganz bewusst auf die Lösung und nicht auf das Problem, denn nur die Lösung bringt dich weiter.

Übernimm 100 % Verantwortung für deine Gefühle, denn diese sind maßgebend für dein Glücklichsein.

Akzeptiere dich so, wie DU bist und nimm andere Menschen so an, wie SIE sind.

Bleib authentisch und DU selbst. Bring deinen Verstand immer mehr zum Schweigen. Gehe immer wieder ganz bewusst in die Stille und lausche nach innen.

Hör auf dein Herz, denn es kennt den Weg, der Dich glücklich macht.

Alles, was du brauchst, steckt bereits in Dir. Du findest alle deine Antworten in DIR.

Probleme sind Geschenke. Denke immer daran, dass du nur so viel aufgeladen bekommst, wie du auch schaffen kannst.

Glaube an DICH und deine WAHRE GRÖSSE.

Alles, was du wirklich willst, kannst du auch erreichen.

Mach es dir im Leben immer so leicht wie möglich.

Lachen macht glücklich. Deshalb lache so viel, wie du atmen kannst!

Wenn du glücklich sein willst, ist es wichtig, dass du ganz viel Freude, Liebe und Dankbarkeit in deinem Leben hast. Denn das sind drei ganz wichtige Nährstoffe für Körper, Geist und Seele.

Nimm dir täglich Zeit für Dich, den wichtigsten Menschen in deinem Leben. Denn wenn es dir gut geht, geht es auch allen anderen gut.

Liebe dich selbst und sei die Basis für deine gesamte Liebe in deinem Leben.

Rede mit dir, wie mit deiner besten Freundin oder deinem besten Freund und schenke dir selbst die Wertschätzung, die du dir von anderen wünschst.

Das Leben ist das, was du von ihm denkst. Denke also stets positiv und erwarte zu jeder Zeit immer nur das Beste von deinem Leben.

Gib ab, was dir zu schwer oder zu groß erscheint und habe Vertrauen in Gott und die gesamte geistige Welt.

Alles ist gut und richtig, wie es jetzt gerade ist.

Gestern ist vorbei, morgen ist noch nicht da, das JETZT ist das, was zählt. Lebe also ganz bewusst im HIER und JETZT. Denn der Augenblick ist das Geschenk vom Leben an dich und der Schlüssel zum Glücklichsein.

Flow beflügelt und macht glücklich. Mach, so oft es geht, Dinge, bei denen du völlig die Zeit um dich herum vergisst und du dich so richtig im Fluss befindest.

Die göttliche, universelle Liebe, aus der du hervorgegangen bist, stellt keine Erwartungen und Forderungen an Dich. Diese Liebe ist wirklich die bedingungslose Liebe. Diese universelle, allumfassende Liebe lässt dich deine Erfahrungen machen, genauso, wie liebende Eltern ihren Kindern ihre eigene Erfahrungen machen lassen.

Und ja, dabei können auch mal Schürfwunden oder Verbrennungen entstehen. Doch sei dir einfach gewiss, egal was dir in deinem Leben widerfährt: Gott ist immer bei dir und hat dich lieb.

Aus meiner eigenen Lebenserfahrung heraus kann ich dir wirklich sagen, dass es wunderschön ist, wenn du den Weg mit Gott und der gesamten geistigen Welt gehst. Denn, wenn du dich für diese bedingungslose Liebe öffnest, dann spürst du sie auch. Du weißt dann einfach, dass alles gut wird, denn dein ganzes Leben wird von dieser allumfassenden Liebe geführt. Alles und ich meine wirklich alles, ist gut und richtig, wie es jetzt ist. Und hier möchte ich meine Lieblingsautorin Louise L. Hay zitieren: „Habe Vertrauen in die Vollkommenheit des Lebens und darin, dass alles zu jeder Zeit im Einklang mit der göttlichen richtigen Ordnung ist." Das heißt, dass du immer und zu jeder Zeit das Richtige machst, dass du immer und zu jeder Zeit an genau dem richtigen Ort bist und dass immer und zu jeder Zeit genau das Richtige geschieht. Es heißt auch, dass du jetzt genau den richtigen Partner, die richtige Freundin oder den richtigen Arbeitskollegen hast. Denn es sind einfach die Menschen, die du für deine jetzige Lebenserfahrung benötigst. Und gerade diese sogenannten: „Arschengel" (Robert Betz nennt so die Menschen, die uns oft triggern und herausfordern) sind die Menschen, die uns stark bei unserem Wachstum helfen. Sie sind ein Geschenk vom Leben an uns. Und wie sagt Robert Betz so schön: „Der Arsch fällt ab und der Engel bleibt übrig." (grins) Sieh also den Engel und das Geschenk hinter diesen Personen, die dich immer wieder reizen und aus der Haut fahren lassen. Bring in dieses Thema mit diesem Wissen mehr Leichtigkeit in den Leben und sieh dieses Triggern ganz bewusst als Chance für dein eigenes persönliches Wachstum.

Alles, was zu dir möchte, dir in deinem Leben hilft und dich in deinem Tun unterstützt, kommt auch zu DIR. Du begegnest also diesen Menschen, die dich in deinem Tun und Wirken unterstützen. Du bekommst genau die Bücher, die du für dein ganz persönliches, glückliches Leben gebrauchen kannst und in denen genau das drin steht, wonach du vor Kurzem gefragt hast.

Alles, was du für dein Tun und Wirken benötigst, wirst du mit Leichtigkeit lernen. Sei dir sicher, dass dieses Wissen, das du für den nächsten Schritt benötigst, auch den Weg zu dir findet.

Alles in deinem Leben darf leicht gehen und fliegt dir nur so zu. Denn, wenn das WARUM stark genug ist, kommt das WIE von ganz SELBST.

Wichtig ist vor allen Dingen, dass du dich für diese Geschenke des Lebens öffnest und du daran glaubst, dass diese wundervollen Geschenke dich erreichen. Denn nur wer offen ist, kann auch empfangen. Ich kann dir auf jeden Fall sagen, dass sich diese Öffnung lohnt, denn ich bin wirklich ein reich beschenkter Mensch. Das Leben möchte jeden einzelnen wundervollen Menschen mit diesen Geschenken beschenken, denn Glücklichsein ist unser aller Geburtsrecht.

Also los, du wundervolle Seele hier auf Mutter Erde. Nimm diese Geschenke jeden Tag aufs Neue in Empfang. Sie warten schon lange auf Dich. Sei jeden Tag glücklich, sieh vor allem die kleinen alltäglichen Glücksmomente und genieße dein wunderschönes Leben.

Viel Spaß in deinem zutiefst glücklichen Leben.

Das alles wünscht dir von Herzen.

Deine Glücklichmacherin

Sonja

# Glücklichsein ist dein Geburtsrecht!

Yogi Bhajan

# Danksagung

Ein großer Dank gilt meinen Eltern, die mir mein Leben geschenkt haben und schon immer an meinen Weg und mich geglaubt haben.

Vielen herzlichen Dank an meinen lieben Mann Christian, der mir immer wieder mit Rat und Tat beim Erstellen des Buches sehr geholfen hat und mich immer wieder liebevoll aufgebaut und bestärkt hat. Ich bin ihm von Herzen dankbar, dass er mich bei technischen Dingen unterstützt hat und sich um die ganzen organisatorischen Dinge und den Verkauf von diesem Buch gekümmert hat. Mein lieber Schatz: Danke, dass du diese wundervollen Schmetterlinge, sowie diese kraftvolle, pinke Zitatseite mit der Lebensblume in mein Buch gezaubert hast. Das verleiht dem Buch noch mehr Freude und positive Energie und ist eine wundervolle Zugabe.

Auch unseren zwei wundervollen Kindern Julia und Felix möchte ich Danke sagen, dass sie mich so gestärkt haben bei meinem Buch schreiben und dass sie mir den notwendigen Freiraum fürs Schreiben gegeben haben. Toll, dass ihr so selbstständige Kinder seid.

Ein großer Dank gilt meinen drei besten Freundinnen Anja, Daniela und Sissi, die mich immer wieder aufgebaut und bestärkt haben, mein Buch zu schreiben und meiner Seele und mir treu zu bleiben. Ihr seid die allerbesten Freundinnen, die man sich nur wünschen kann.

Ein herzliches Dankeschön möchte ich meiner lieben Freundin Stefanie aussprechen, die immer an mich und mein HERZENSZIEL geglaubt hat. Sie war es, die schließlich meine gesammelten Aufschriebe in eine Buchform brachte und den Buchseiten eine schöne Form schenkte. Danke liebe Stefanie, dass du durch dein Tun so viel Leichtigkeit in die Fertigstellung meines Buches gebracht hast.

Ein weiterer Dank gilt Robert, der für mein Buch ein tolles Bild von mir gemacht hat.

Ich danke allen, die mich auf irgendeine Art und Weise unterstützt haben.

Danke, von Herzen liebe Leserin, lieber Leser, dass du dir Zeit genommen hast für meine HERZENSBOTSCHAFT ZUM GLÜCKLICHSEIN.
Ein großer Dank geht auch an den lieben Gott, an die liebe Muttergottes, an alle Engel und Heiligen und an die

gesamte geistige Welt. Danke, dass ihr alle beim Schreiben meines Buches dabei gewesen seid und danke, dass ich eure Liebe spüre.

Ich spüre tiefe Dankbarkeit, dass ich so viele wundervolle Menschen und Wesen in meinem Leben habe.

Mein letzter Dank geht an meine Seele und mich, denn ohne uns zwei würde es dieses wertvolle Buch gar nicht geben. Danke von Herzen, liebes Herz und liebe Seele, dass ihr mich so gut geführt und begleitet habt.

In tiefer Dankbarkeit

Sonja

268

Es kommt nicht auf das Leben an, sondern auf den Mut, mit dem du es lebst.

Yogi Bhajan

# Über mich

Mein Name ist Sonja Niedermann und ich habe im November 1978 das Licht der Welt erblickt. Ich bin glücklich verheiratet und wir haben zwei wundervolle Kinder im Alter von 11 Uhr und 9 Jahren. Von Beruf bin ich Familienpflegerin, da es mir immer schon sehr Spaß gemacht hat anderen Menschen zu helfen. Durch meine Kinder war ich dann zehn Jahre zu Hause und habe mein „Mamadasein" genossen. Doch es gab natürlich auch die eine oder anderen Herausforderungen zu bewältigen. Und diese brachten mich schließlich auch zu meiner Persönlichkeitsentwicklung und auch zum Schreiben meines Buches.

Ich beschäftige mich nun schon über sieben Jahre mit dem Thema Glücklichsein und kann somit wirklich sagen, dass ich die Expertin fürs Glück bin. Durch den Besuch von einigen sehr guten Seminaren und das Lesen vieler Bücher zu den Themen Glück, Erfüllung und Erfolg, machte ich mich wirklich richtig fit auf diesen Gebieten. Da ich selbst, ein sehr glücklicher und zufriedener Mensch bin, kann ich dir wirklich sagen, dass der Inhalt dieses Buches dir zu 100 % für deine eigene Verwandlung zum Glücklichsein helfen wird.

Auch auf Facebook bin ich aktiv und besitze schon seit Juli 2018 meine eigene Seite „Verwandlung zum Glücklichsein". Dort bin ich, wie in meinem Buch, ebenfalls als Glücklichmacherin unterwegs und poste jeden Tag eine Botschaft fürs Glücklichsein. Mittwochs bekommst du dort sogar immer ein Videotipp zum Glücklichsein. Und bereits seit Dezember 2016 gibt es meinen eigenen WhatsApp Motivationskalender, mit dem ich auch täglich Freude und Anregungen fürs Glücklichsein verbreite.

Seit einem Jahr mache ich sogar noch alte Menschen mit meiner Arbeit glücklich. Das bestätigen mir diese lieben Menschen immer wieder. Da sie meine Arbeit und vor allem die Zeit, die ich Ihnen schenke, sehr schätzen, machen diese alten Menschen auch mich sehr glücklich.

Ja, ich habe mich mal vor vielen Jahren fürs glücklich sein und glücklich machen entschieden. Und das, ist der Grund dafür, dass ich täglich so viele Menschen glücklich machen darf, und auch selber ein wirklich glücklicher Mensch bin. Ich freue mich wirklich sehr, dass ich auf so vielseitige Art und Weise Menschen bei ihrem Glücklichsein helfen darf und kann.

Sei auch DU jeden Tag glücklich und genieße DEIN WUNDERSCHÖNES LEBEN.

# Empfehlenswerte Bücher

* Die Haltung einer Göttin (Sonja Szielinski)
* Liebe dich selbst und es ist egal, wen du heiratest (Eva-Maria Zurhorst)
* Secret the Power ( Rhonda Byrnes)
* Das LOL²A-Prinzip: Die Vollkommenheit der Welt (René Egli)
* Liebe ist das Licht der Seele (Allelia Joy)
* Mary - Die unbändige, göttliche Lebenslust (Ella Kensington)
* Lass dein Licht strahlen! (Bettina Czajkowski)
* Das Kind in dir muss Heimat finden (Stefanie Stahl)
* Gespräche mit Gott (Neal Donald Walsch)
* Die kleine Seele und die Erde (Neal Donald Walsch)
* Ich bin das Licht (Neal Donald Walsch)
* Der spirituelle Lebensratgeber (Diana Cooper)
* Spiritueller Schutz im Alltag, 16 kleine Übungen für die Seele (Susanne Hühn)
* Die großen Erzengel -Karten (Ulrike Hinrichs)

* Meister Laotse's Live -Ticker (André Namá Him Meyr)
* 12 Schlüssel zur Gelassenheit (Sabine Asgodom)
* Wer wäre ich ohne mein Drama? (Byron Katie)
* Heile deinem Körper ( Louis L. Hay )
* Liebe deinen Körper (Louis L. Hay )
* Das Leben ist wunderbar (Louis L. Hay )
* Sich dem Leben öffnen (Sanaya Roman)
* Das Café am Rande der Welt Eine Erzählung über den Sinn des Lebens (John Strelecky)
* Die vier Ebenen des Glücks (Ayya Khema)
* Heile deine Gedanken (James Allen )
* Der kleine Alltags-Buddhist (Maren Schneider)
* Wozu sind wir hier? (Michael Tamura)
* Herzenstüren öffnen (Eileen Caddy)
* Ihr Zauberstab Gedankenkraft (kurt Tepperwein)
* Du wirst geliebt (Gaby Shayana Hoffmann)

# Für deine Notizen